Jochen Sven Wild

# Fit in Mathe mit Würfel- und Quadernetzen

## Binnendifferenzierende Arbeitsbögen zum Training des räumlichen Vorstellungsvermögens

Kopiervorlagen mit Lösungen

BRIGG VERLAG

Wegen der besseren Lesbarkeit und Verständlichkeit wurde bei diesen Materialien auf die gleichzeitige Verwendung weiblicher und männlicher Personenbegriffe verzichtet und nur die männliche Form verwendet.
Gemeint und angesprochen sind jedoch grundsätzlich beide Geschlechter.

Gedruckt auf umweltbewusst gefertigtem, chlorfrei gebleichtem und alterungsbeständigem Papier.

4. Auflage 2025

Layout/Satz: PrePress-Salumae.com, Kaisheim
Druck: Rausch Druck GmbH, Aindlinger Str. 14, 86167 Augsburg

ISBN 978-3-95660-**065**-4

www.brigg-verlag.de

# Inhaltsverzeichnis

## Quadernetze

# Vorwort

Viele, die häufiger auf dem Parkplatz eines schwedischen Möbelhauses sind, konnten es wahrscheinlich schon einmal beobachten: Riesige Berge viel zu großer Möbelpakete sollen im Kofferraum eines Kleinwagens untergebracht werden. Lautstarke Diskussionen und Streitereien sind dann oft nicht weit. Ähnliches kann man sehen, wenn beim Umzug die Couch nicht durch die Tür passt oder die Kommode nicht in der dafür vorgesehenen Nische unter der Dachschräge verschwindet. Zum Einparken wird häufig eine viel zu kleine Lücke gewählt, die im Urlaub gekauften Erinnerungsstücke passen nicht in den Koffer. Ursache hierfür ist stets ein unzureichend ausgeprägtes räumliches Vorstellungsvermögen. Eine der wenigen Stellen, an denen diese Fähigkeit in der Schule trainiert wird, ist bei der Behandlung von Würfel- und Quadernetzen. Hier lässt sich nun feststellen, dass viele Schüler, auch solche, die bis dahin keinerlei Schwierigkeiten im Mathematikunterricht hatten, schnell an ihre Grenzen stoßen. Verzweifelte Gesichter hilfloser Schüler machen sich breit. Zwar lassen sich in zahlreichen Lehrwerken für unterschiedliche Klassenstufen Aufgaben zu diesem Themengebiet finden, leider aber selten in einem Umfang, um die Defizite ausreichend zu trainieren.

An dieser Stelle bietet sich nun der Einsatz des vorliegenden Materials an. Es besteht aus 25 Kopiervorlagen zu Würfel- und Quadernetzen. Die Arbeitsblätter variieren im Schwierigkeitsgrad und können daher differenzierend eingesetzt werden. So bieten sich das Färben von gegenüberliegenden Seiten sowie das Vervollständigen von Netzen als Einstieg für Schüler mit größeren Schwierigkeiten an. Aufgaben wie das Einfärben der richtigen Stellen von Netzen zweifarbiger Würfel oder das Fortsetzen von Linien bei einem umspannten Quader haben auf der anderen Seite einen sehr viel höheren Anspruch. Die Suche nach den 54 echt verschiedenen Quadernetzen dürfte auch für begabte Schüler selbst in höheren Jahrgängen eine Herausforderung darstellen.

Die sich selbst erklärenden Arbeitsblätter lassen sich sowohl in Einzelstunden als auch für binnendifferenzierte individuelle Lernzirkel verwenden. Auch der Einsatz in Vertretungsstunden ist gut möglich. Am Ende des Heftes finden sich Lösungen, die den Schülern die eigenständige Korrektur ermöglichen. Also: Auswählen, kopieren und los geht es!

## W1 – Zeichne alle Würfelnetze!

Zeichne alle 11 echt verschiedenen (d. h. nicht gedrehte oder gespiegelte) Würfelnetze!

**Hinweis:**

Ein Würfelnetz sieht z. B. so aus:

Die beiden nebenstehenden Würfelnetze sind nicht verschieden, da sie nur gedreht wurden:

Auch das folgende Würfelnetz ist nicht verschieden, da es nur gespiegelt (gekippt) wurde:

## W1 – Zeichne alle Würfelnetze!

Zeichne alle 11 echt verschiedenen (d. h. nicht gedrehte oder gespiegelte) Würfelnetze!

**Hinweis:**

Ein Würfelnetz sieht z. B. so aus:

Die beiden nebenstehenden Würfelnetze sind nicht verschieden, da sie nur gedreht wurden:

Auch das folgende Würfelnetz ist nicht verschieden, da es nur gespiegelt (gekippt) wurde:

## W2 – Richtige und falsche Würfelnetze

Welche der abgebildeten Netze gehören zu Würfeln? Male die richtigen farbig aus.

## W3 – Würfelnetze vervollständigen

Vervollständige die folgenden drei Würfelnetze. Es gibt jeweils 4 Möglichkeiten.

1)

2)

3)

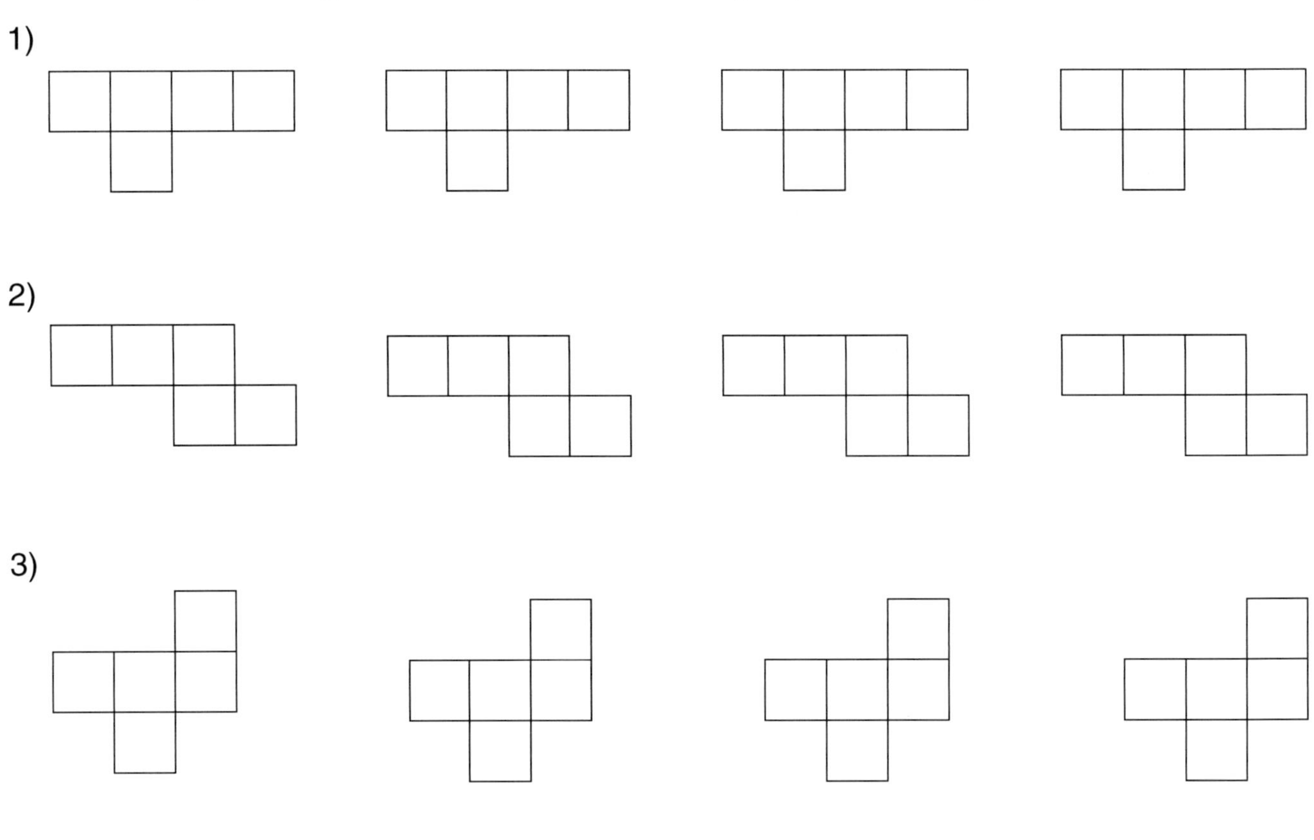

## W3 – Würfelnetze vervollständigen

Vervollständige die folgenden drei Würfelnetze. Es gibt jeweils 4 Möglichkeiten.

1)

2)

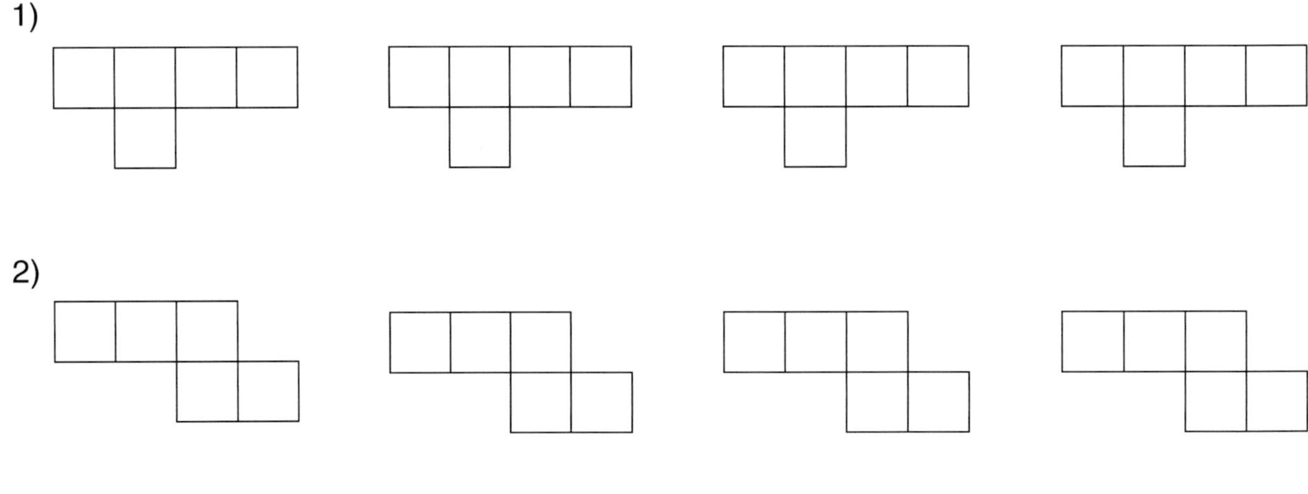

3)

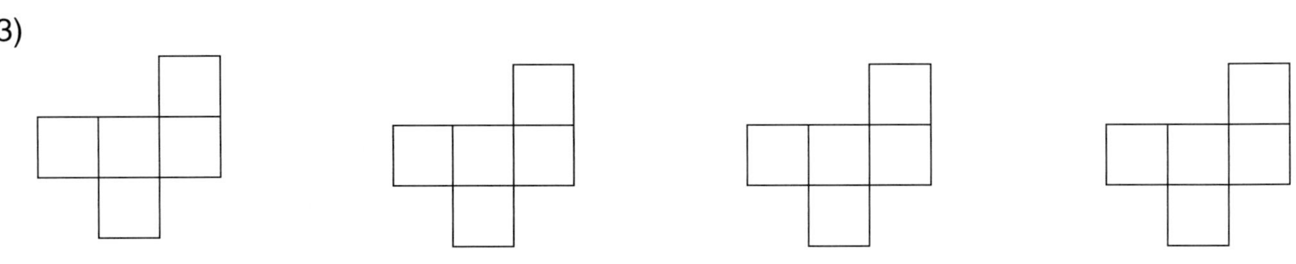

## W4 – Gegenüberliegende Würfelflächen

Markiere gegenüberliegende Würfelflächen in gleicher Farbe.

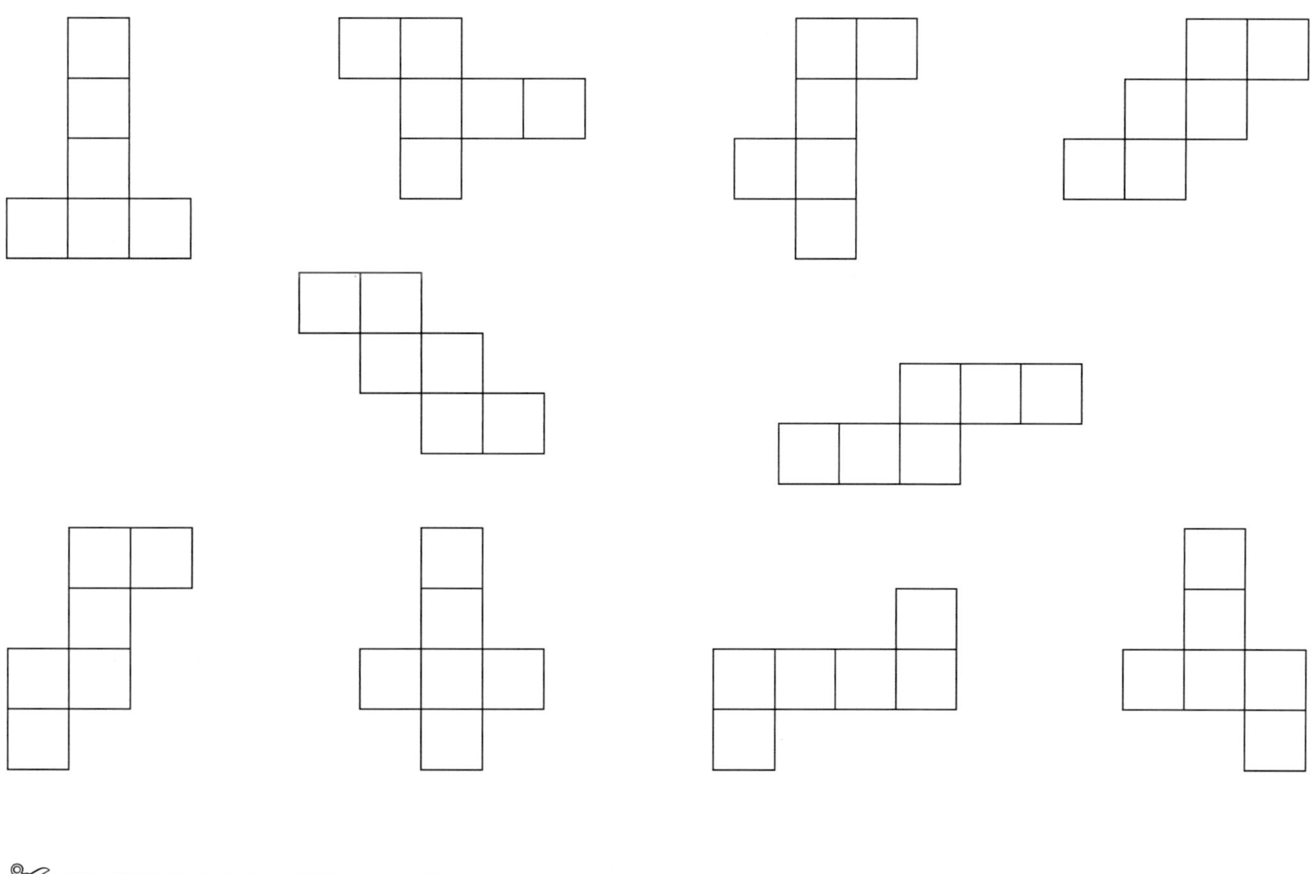

## W4 – Gegenüberliegende Würfelflächen

Markiere gegenüberliegende Würfelflächen in gleicher Farbe.

## W5 – Augenzahlen

Bei einem normalen Spielwürfel ergeben die Augenzahlen auf gegenüberliegenden Flächen zusammengezählt immer sieben. Ergänze bei den Würfelnetzen die fehlenden Augenzahlen.

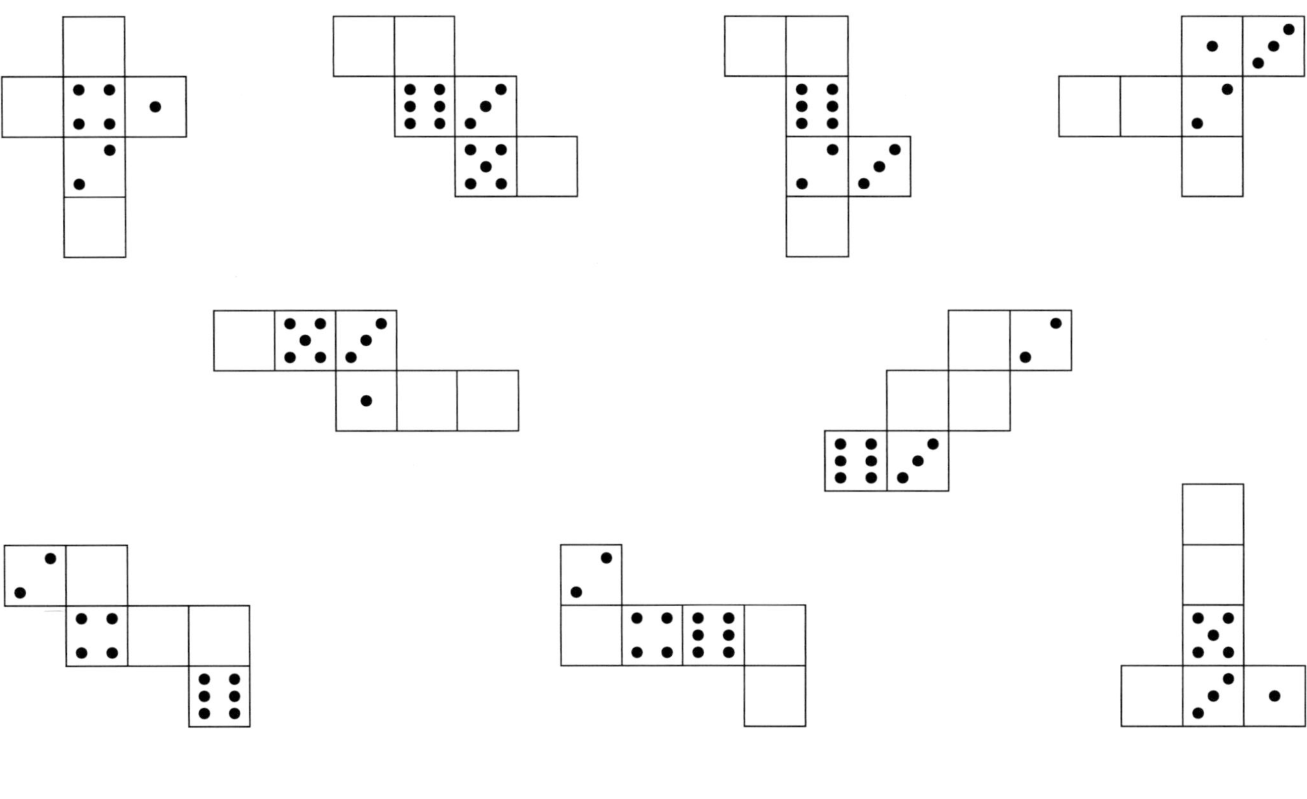

## W5 – Augenzahlen

Bei einem normalen Spielwürfel ergeben die Augenzahlen auf gegenüberliegenden Flächen zusammengezählt immer sieben. Ergänze bei den Würfelnetzen die fehlenden Augenzahlen.

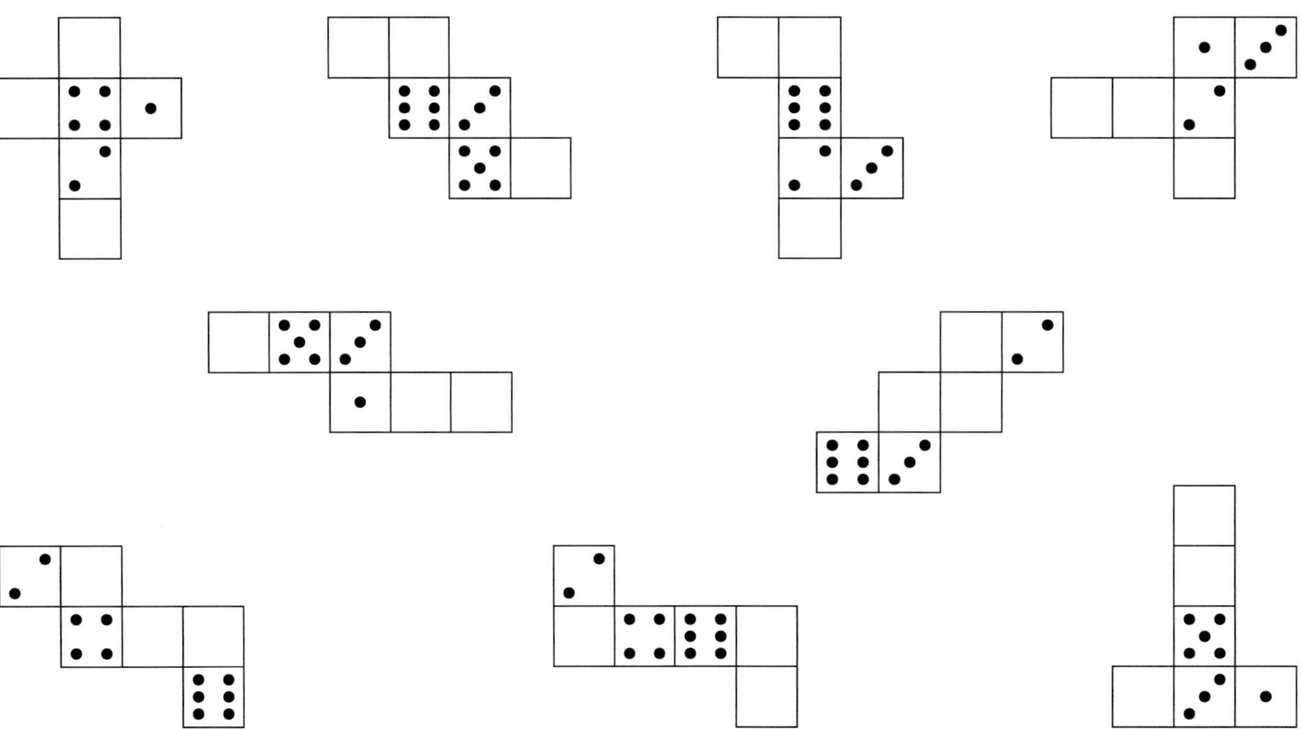

## W6 – Berührende Eckpunkte

Markiere diejenigen Eckpunkte, die beim fertig gefalteten Würfel aneinanderliegen, in der gleichen Art/mit der gleichen Farbe.

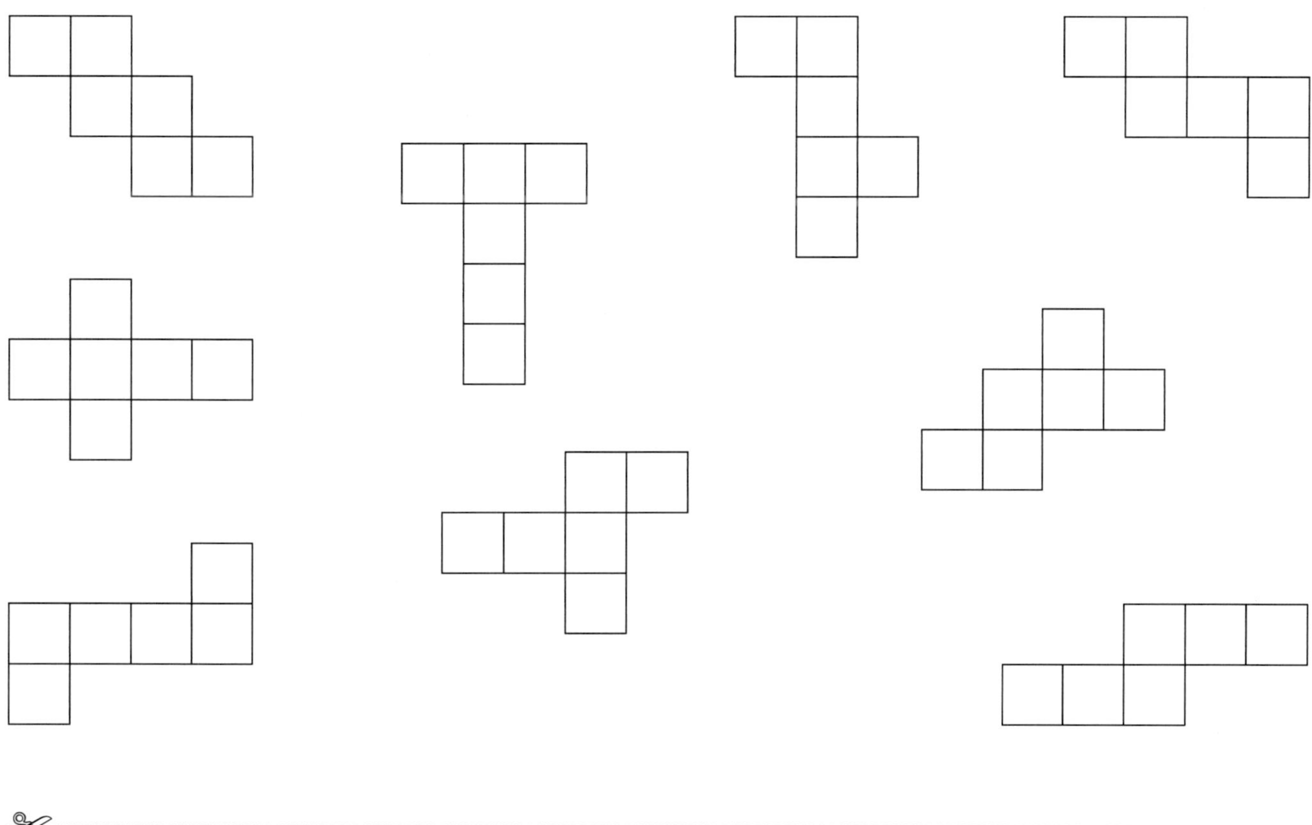

## W6 – Berührende Eckpunkte

Markiere diejenigen Eckpunkte, die beim fertig gefalteten Würfel aneinanderliegen, in der gleichen Art/mit der gleichen Farbe.

## W7 – Berührende Kanten

Markiere diejenigen Kanten, die beim fertig gefalteten Würfel aneinanderliegen, in der gleichen Art/mit der gleichen Farbe.

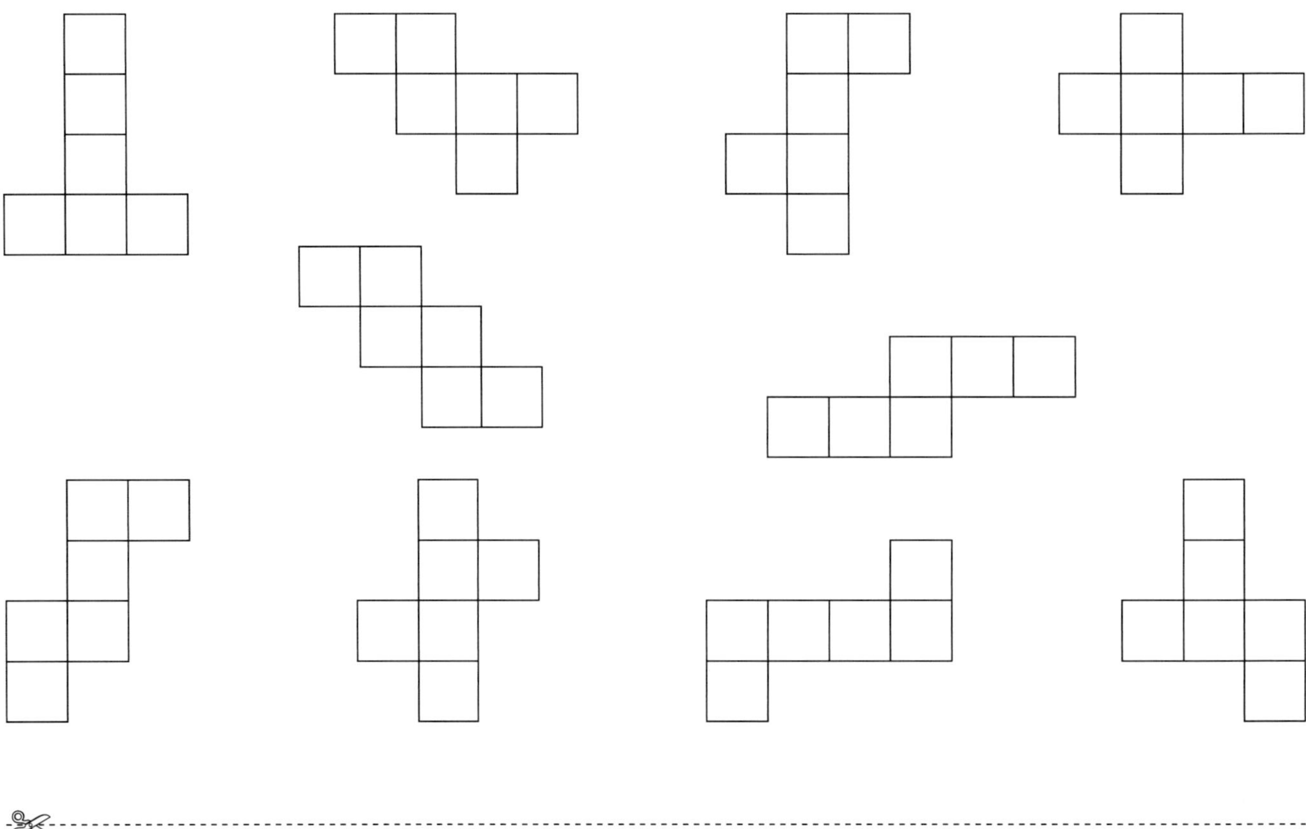

## W7 – Berührende Kanten

Markiere diejenigen Kanten, die beim fertig gefalteten Würfel aneinanderliegen, in der gleichen Art/mit der gleichen Farbe.

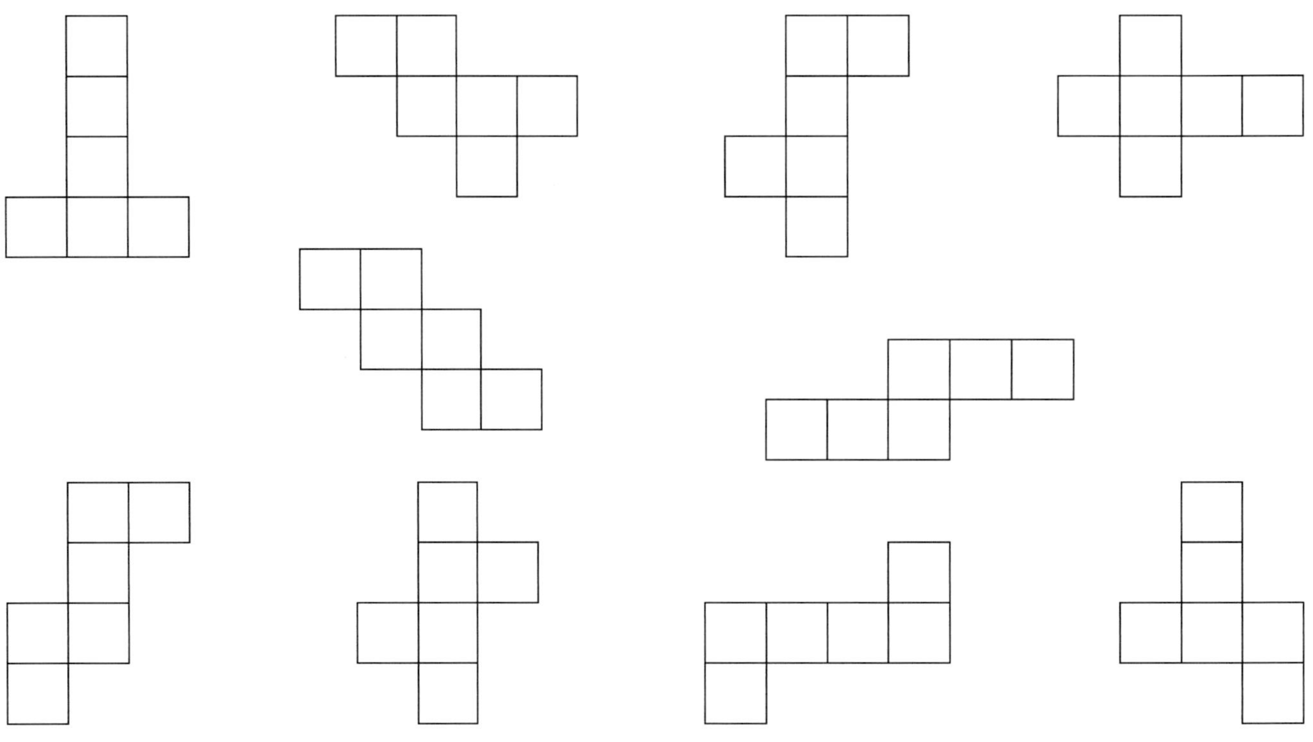

## *W8 – Zweifarbiger Würfel (waagerecht)*

Ein Würfel ist zur Hälfte grau angemalt. Welche Flächen müssen bei dem Würfelnetz noch je zur Hälfte grau angemalt werden?

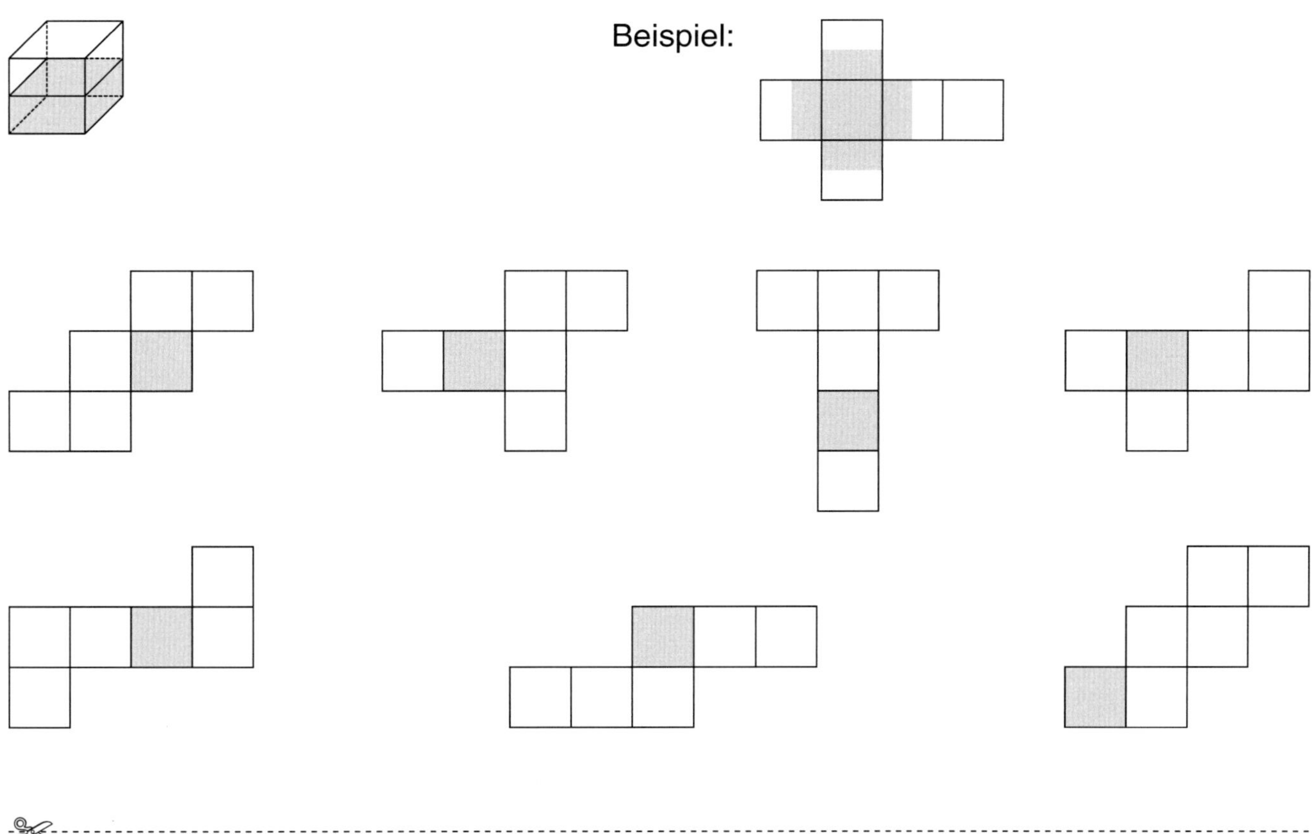


## *W8 – Zweifarbiger Würfel (waagerecht)*

Ein Würfel ist zur Hälfte grau angemalt. Welche Flächen müssen bei dem Würfelnetz noch je zur Hälfte grau angemalt werden?

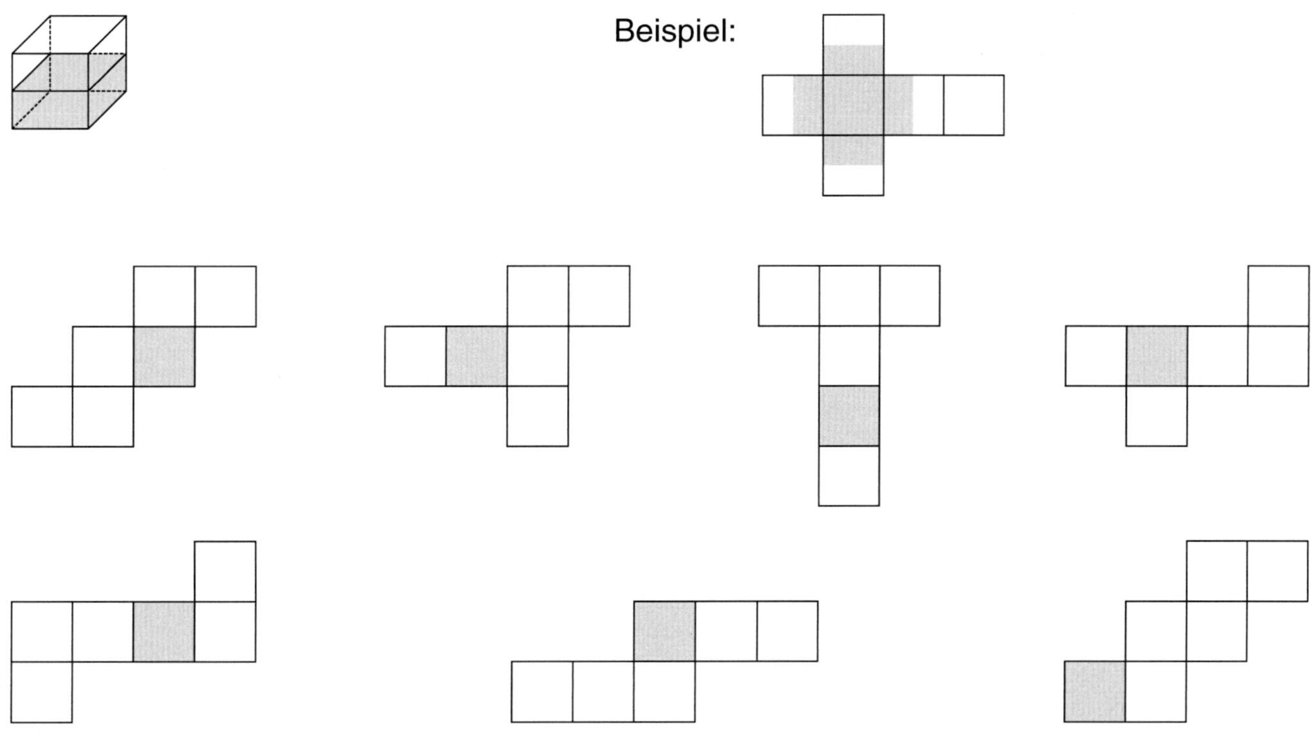

## W9 – Zweifarbiger Würfel (diagonal)

Ein Würfel ist zur Hälfte grau angemalt. Welche Flächen müssen bei dem Würfelnetz noch je zur Hälfte diagonal grau angemalt werden?

Beispiel:

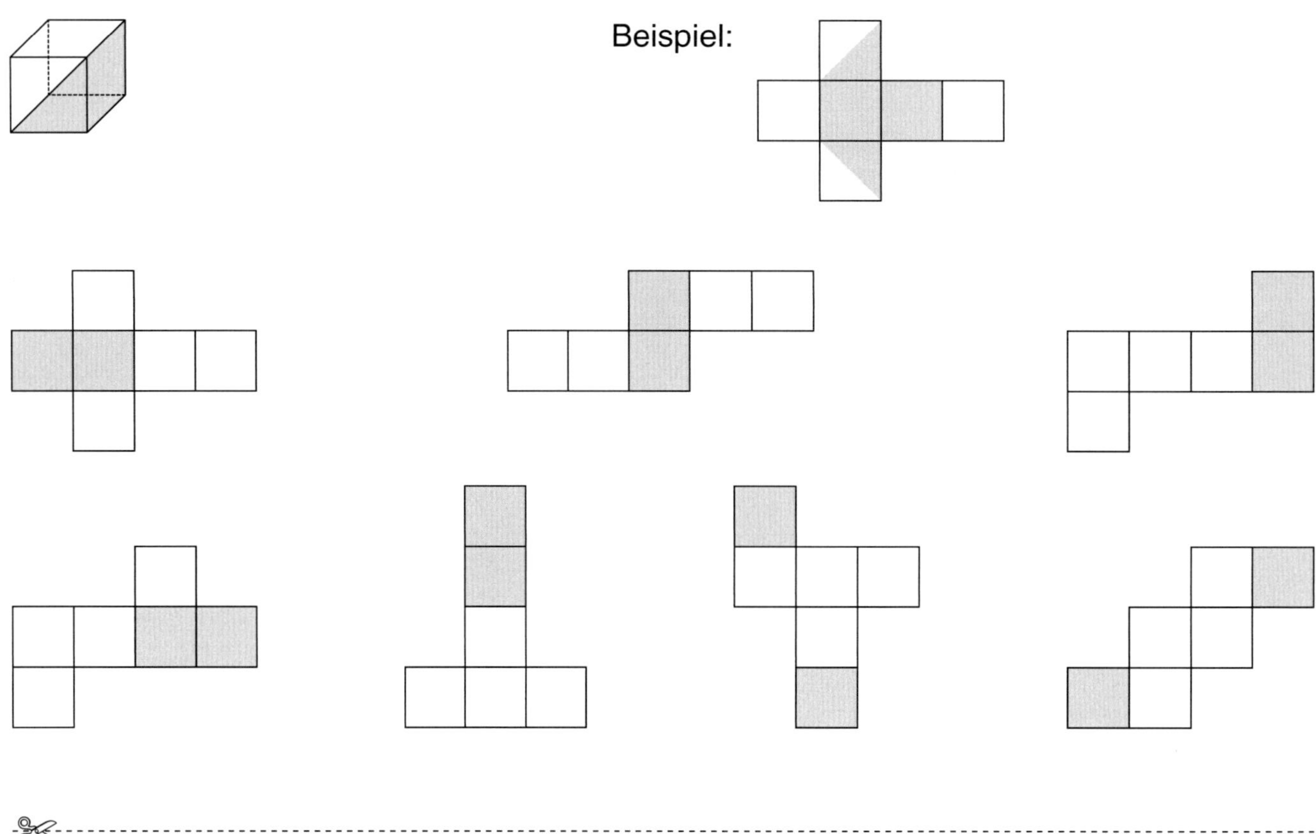

## W9 – Zweifarbiger Würfel (diagonal)

Ein Würfel ist zur Hälfte grau angemalt. Welche Flächen müssen bei dem Würfelnetz noch je zur Hälfte diagonal grau angemalt werden?

Beispiel:

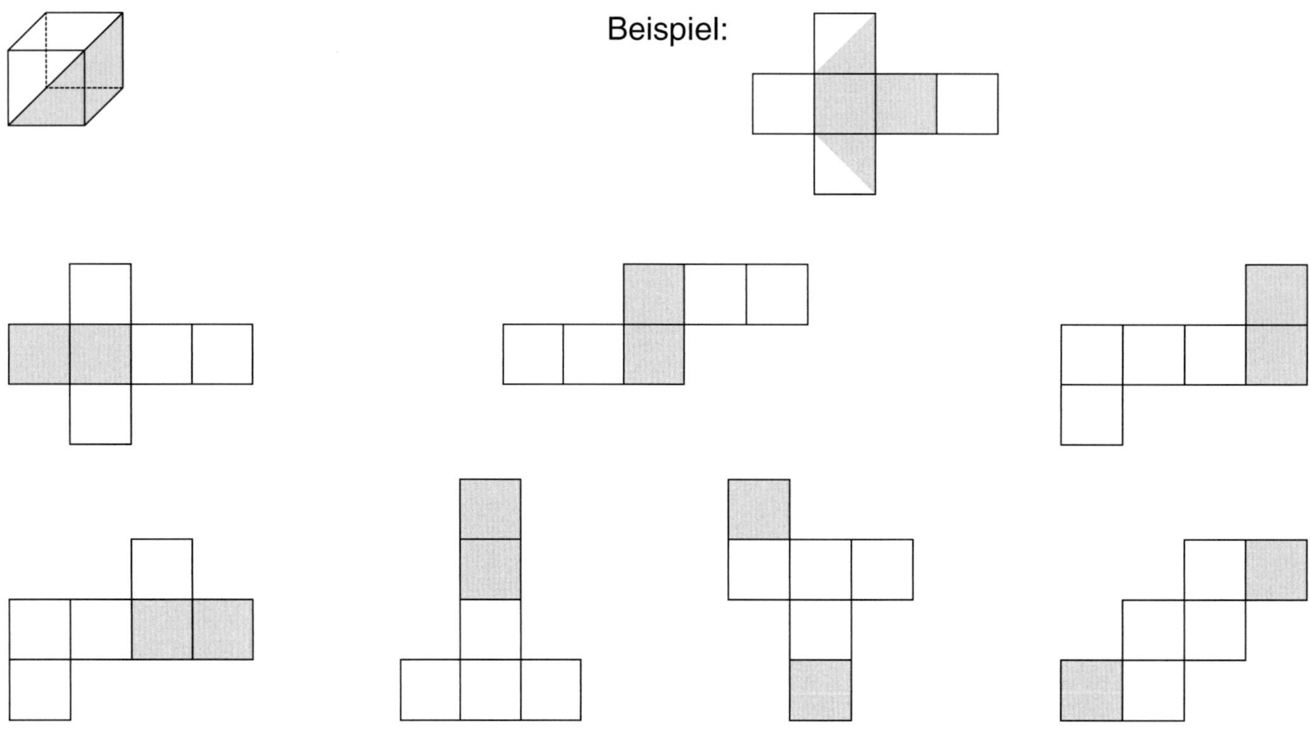

## *W10 – Einfach umspannter Würfel*

Ein Würfel ist von einer durchgezogenen Linie umspannt. Vervollständige die Linie beim aufgefalteten Würfelnetz.

Beispiel:

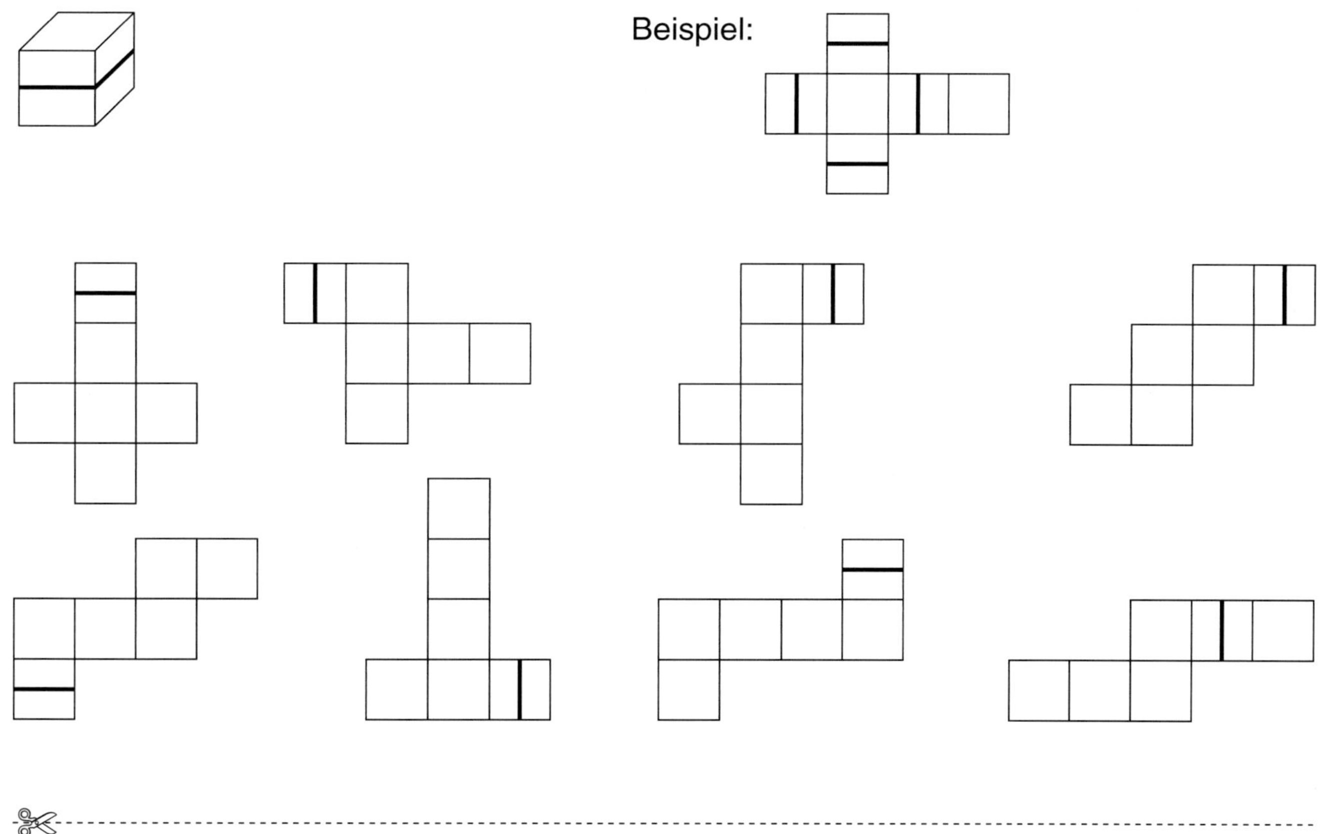

## *W10 – Einfach umspannter Würfel*

Ein Würfel ist von einer durchgezogenen Linie umspannt. Vervollständige die Linie beim aufgefalteten Würfelnetz.

Beispiel:

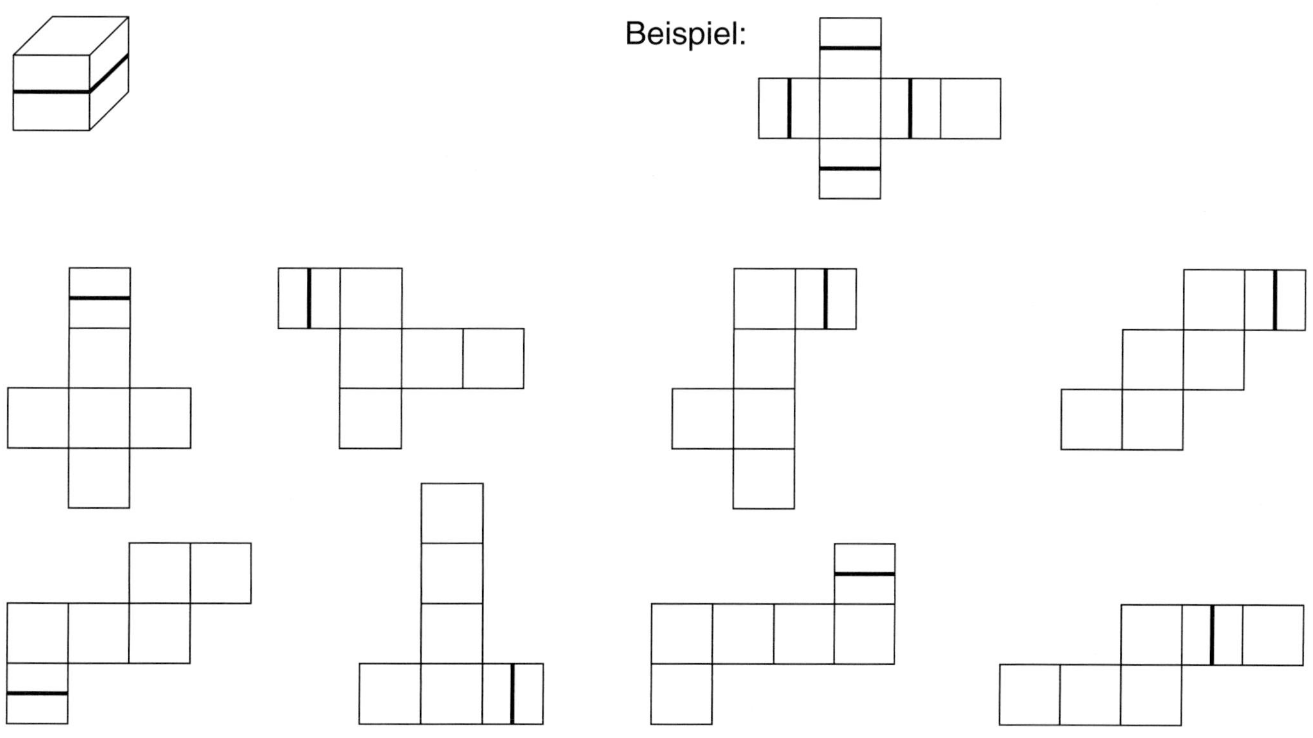

## W11 – Dreifach umspannter Würfel

Ein Würfel ist von drei durchgezogenen Linien umspannt. Vervollständige die Linien beim aufgefalteten Würfelnetz.

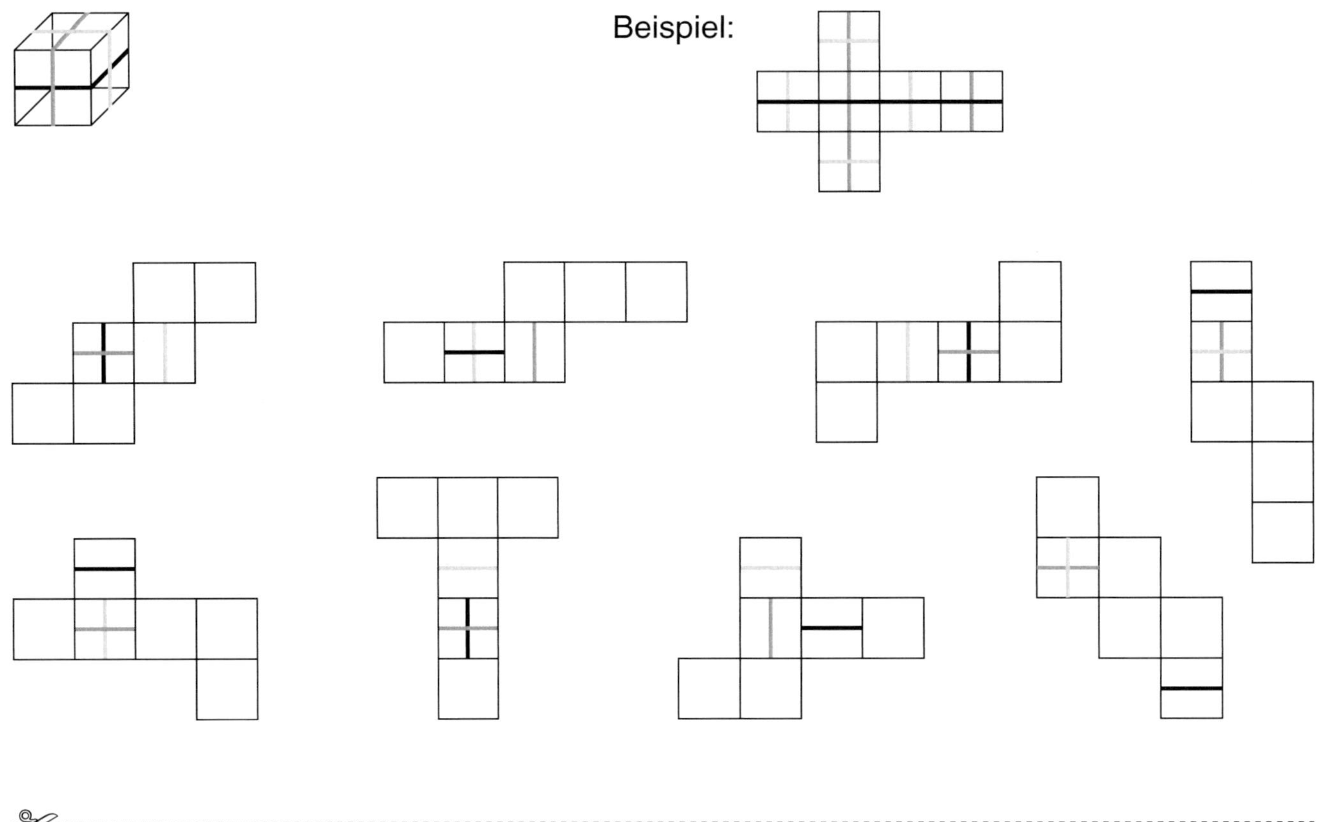


## W11 – Dreifach umspannter Würfel

Ein Würfel ist von drei durchgezogenen Linien umspannt. Vervollständige die Linien beim aufgefalteten Würfelnetz.

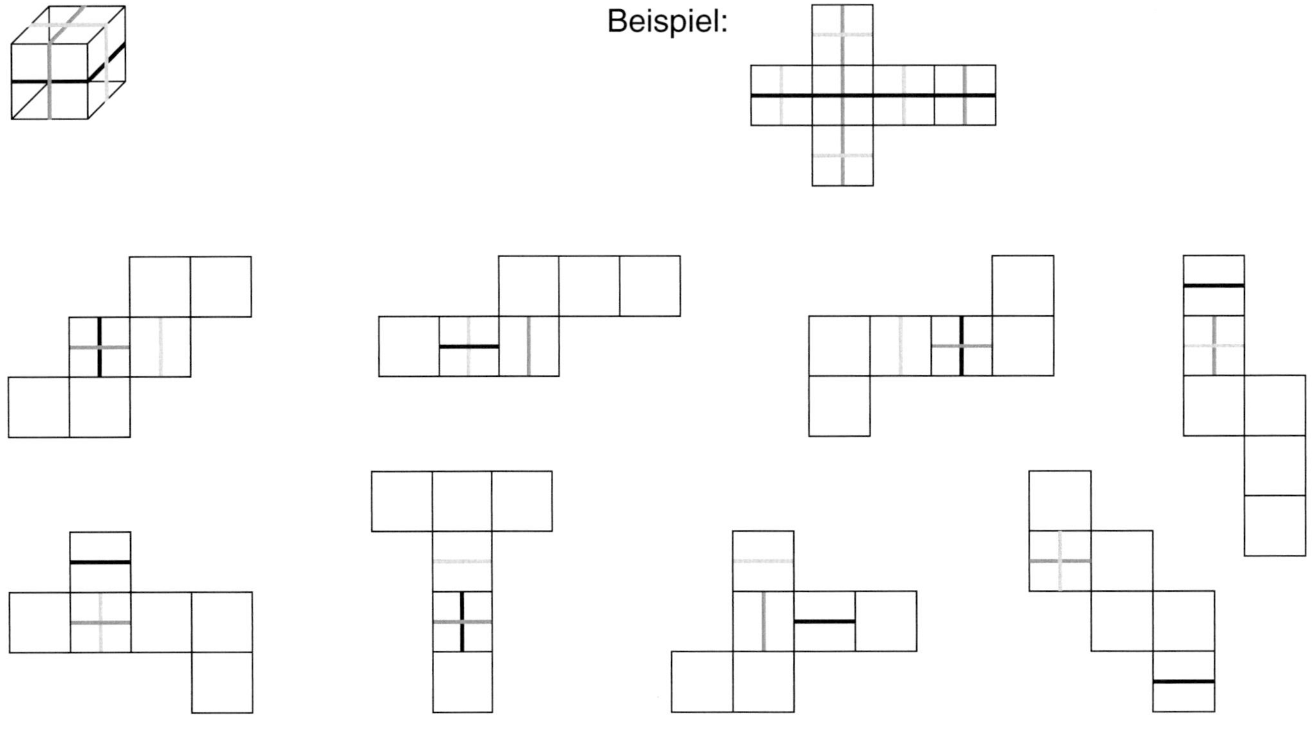

# W12 – Würfel auf vorgegebener Fläche weiterzeichnen

Vervollständige die Würfelnetze auf der vorgegebenen Fläche.

1)

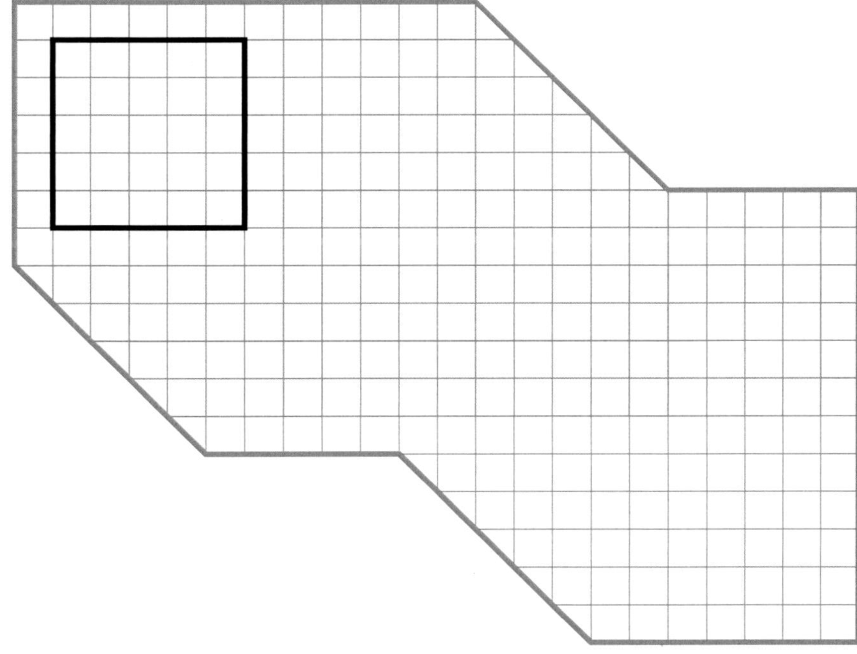

2)

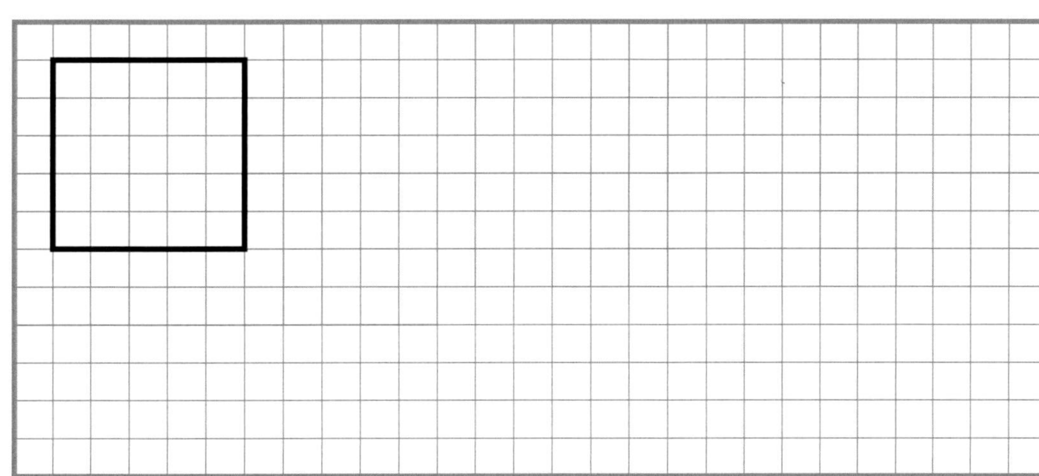

3)

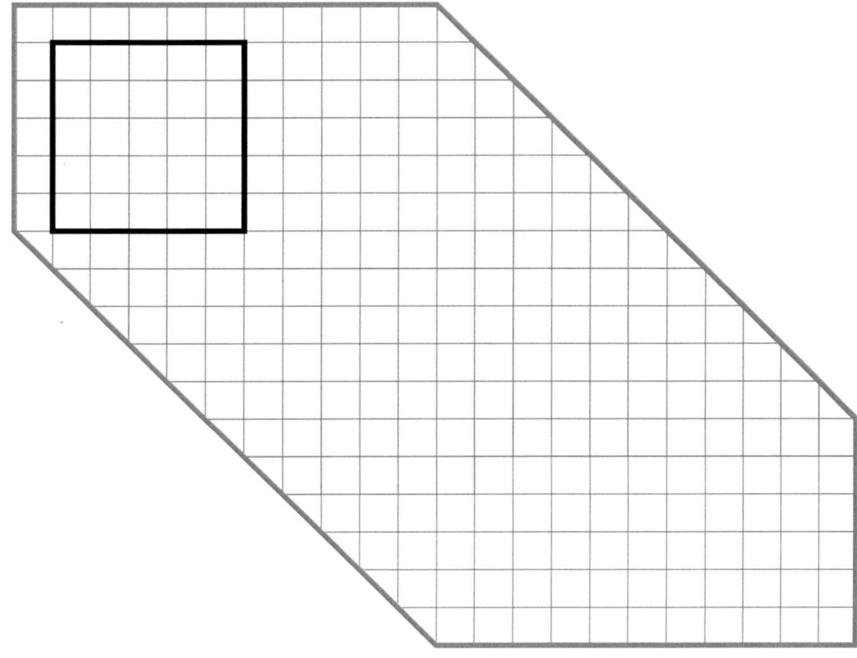

## W13 – Überlappende Würfelflächen

Die folgenden Würfelnetze sind **falsch**. Markiere diejenigen Würfelflächen, die sich beim Falten überlappen.

## W13 – Überlappende Würfelflächen

Die folgenden Würfelnetze sind **falsch**. Markiere diejenigen Würfelflächen, die sich beim Falten überlappen.

## *Q1 – Richtige und falsche Quadernetze*

Welche der abgebildeten Netze gehören zu Quadern? Male die richtigen farbig aus.

## Q2 – Quadernetze vervollständigen

Vervollständige die folgenden drei Quadernetze. Es gibt jeweils 4 Möglichkeiten.

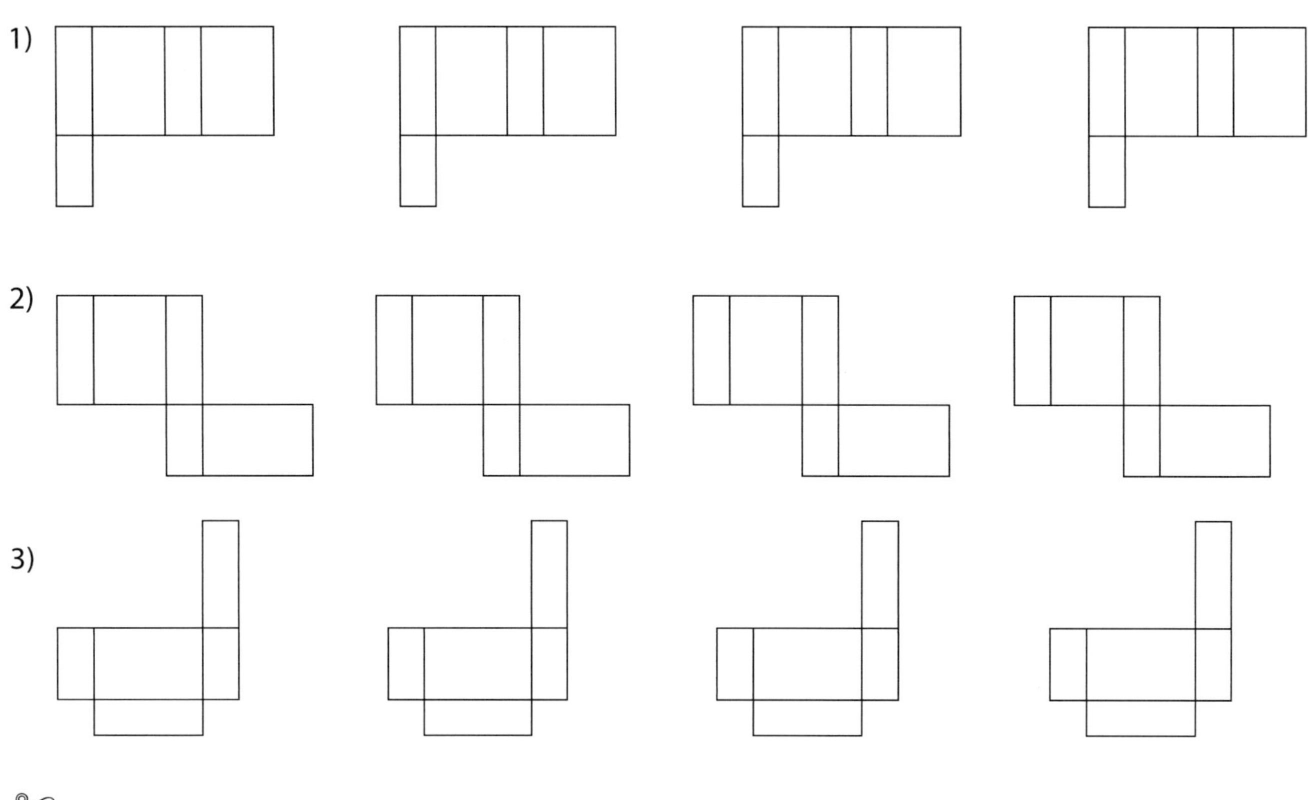


## Q2 – Quadernetze vervollständigen

Vervollständige die folgenden drei Quadernetze. Es gibt jeweils 4 Möglichkeiten.

## Q3 – Berührende Eckpunkte

Markiere diejenigen Eckpunkte, die beim fertig gefalteten Quader aneinanderliegen, in der gleichen Art/mit der gleichen Farbe.

## Q3 – Berührende Eckpunkte

Markiere diejenigen Eckpunkte, die beim fertig gefalteten Quader aneinanderliegen, in der gleichen Art/mit der gleichen Farbe.

## Q4 – Zweifarbiger Quader (waagerecht)

Ein Quader ist zur Hälfte grau angemalt. Welche Flächen müssen bei dem Quadernetz noch zur Hälfte grau angemalt werden?

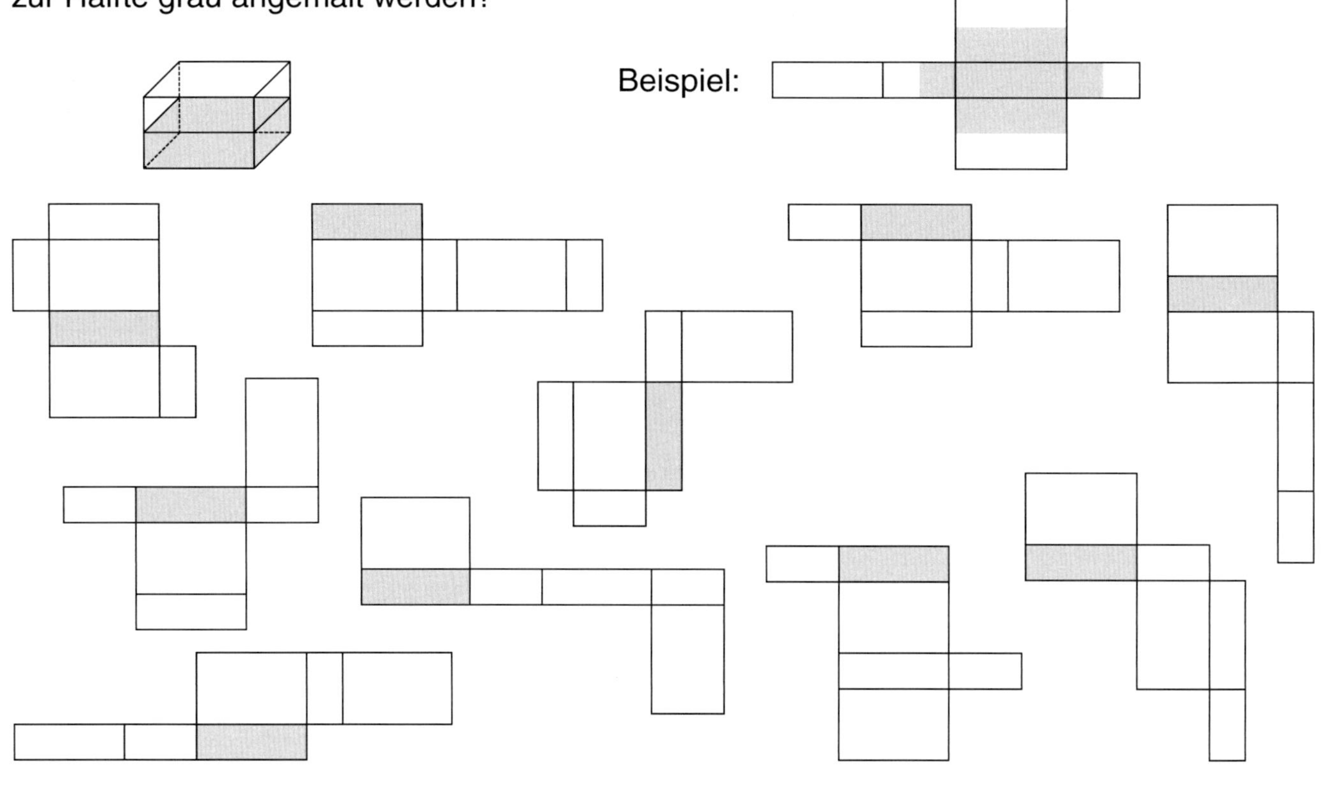



## Q4 – Zweifarbiger Quader (waagerecht)

Ein Quader ist zur Hälfte grau angemalt. Welche Flächen müssen bei dem Quadernetz noch zur Hälfte grau angemalt werden?


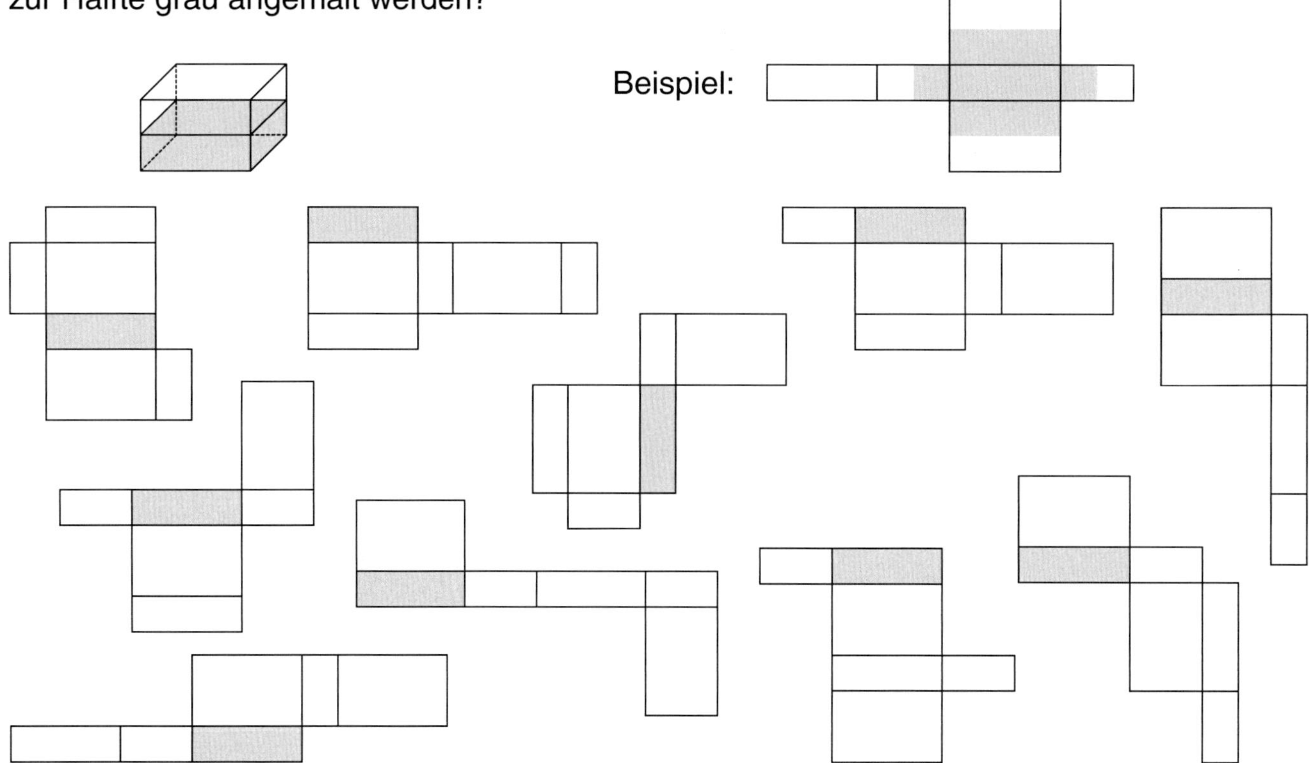

## Q5 – Zweifarbiger Quader (diagonal)

Ein Quader ist zur Hälfte grau angemalt. Welche Flächen müssen bei dem Quadernetz noch je zur Hälfte diagonal grau angemalt werden?

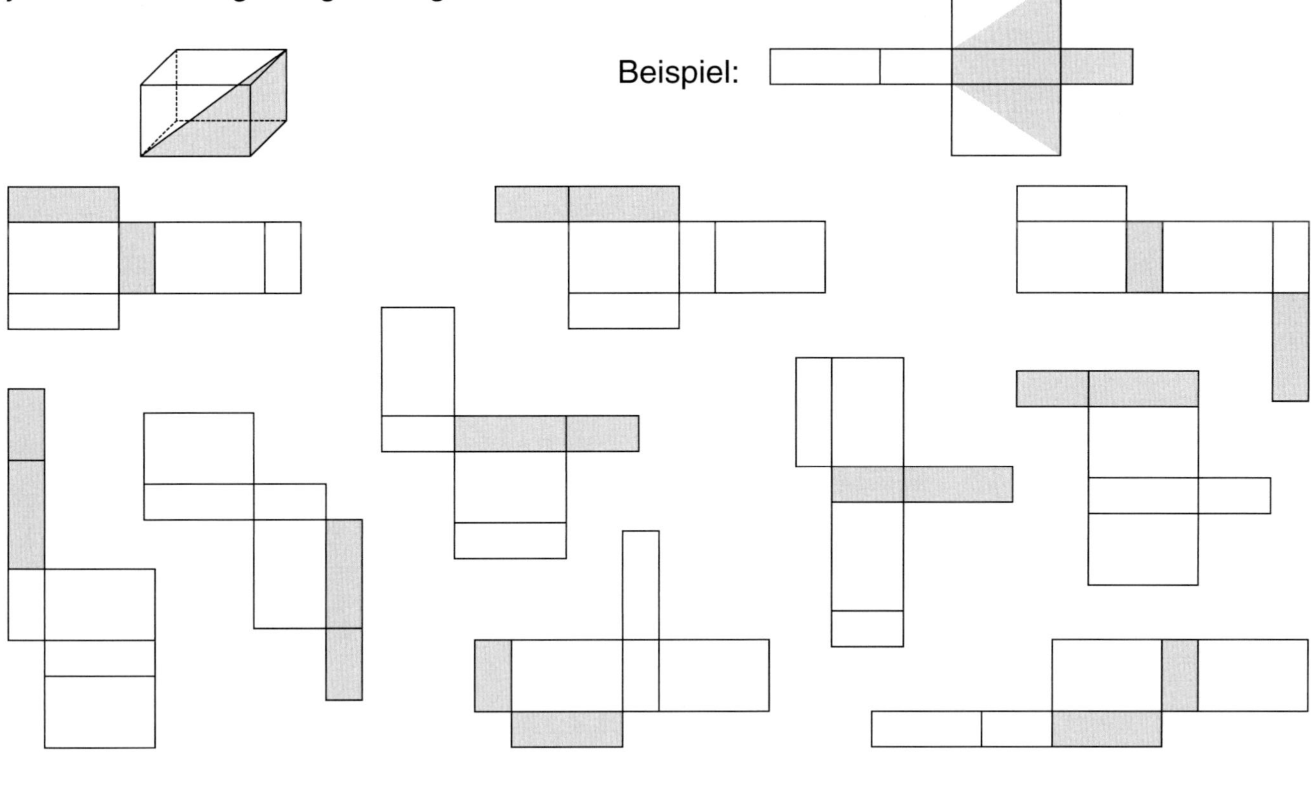


## Q5 – Zweifarbiger Quader (diagonal)

Ein Quader ist zur Hälfte grau angemalt. Welche Flächen müssen bei dem Quadernetz noch je zur Hälfte diagonal grau angemalt werden?

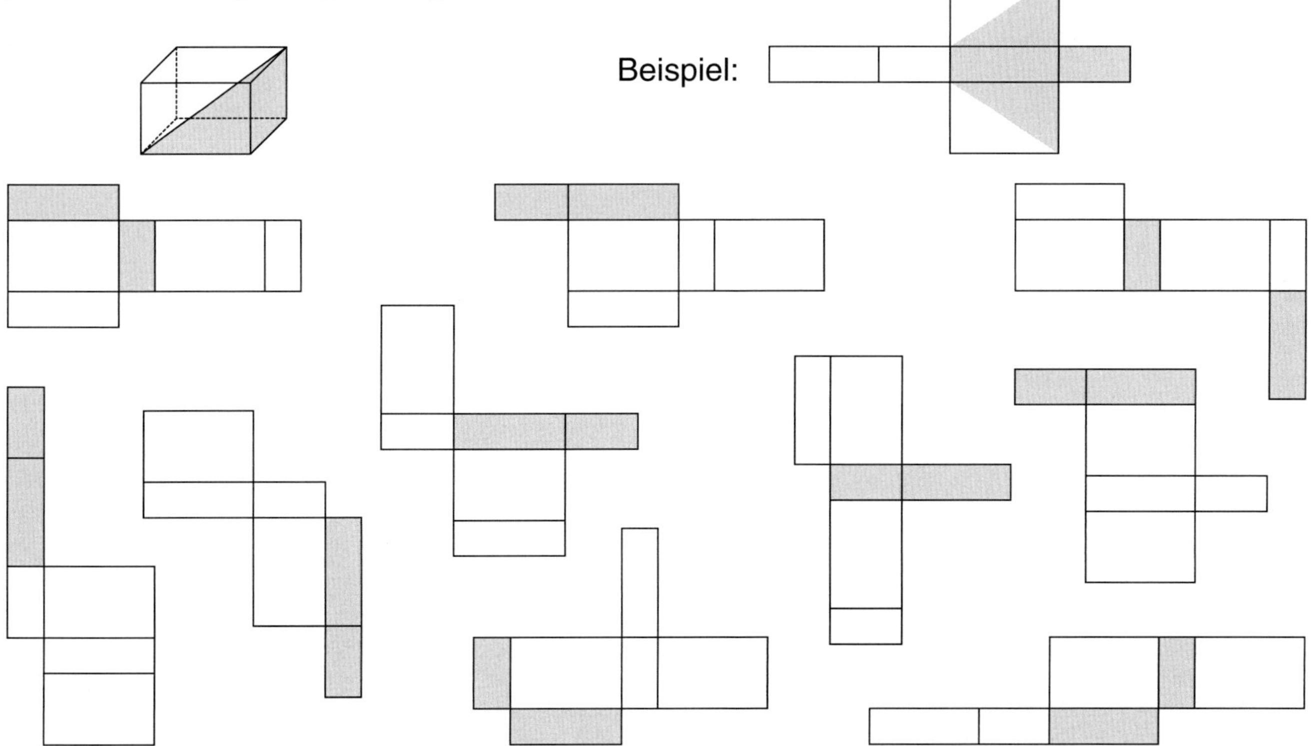

## Q6 – Dreifach umspannter Quader

Ein Quader ist von drei durchgezogenen Linien umspannt. Wie verlaufen die Linien beim aufgefalteten Quadernetz?

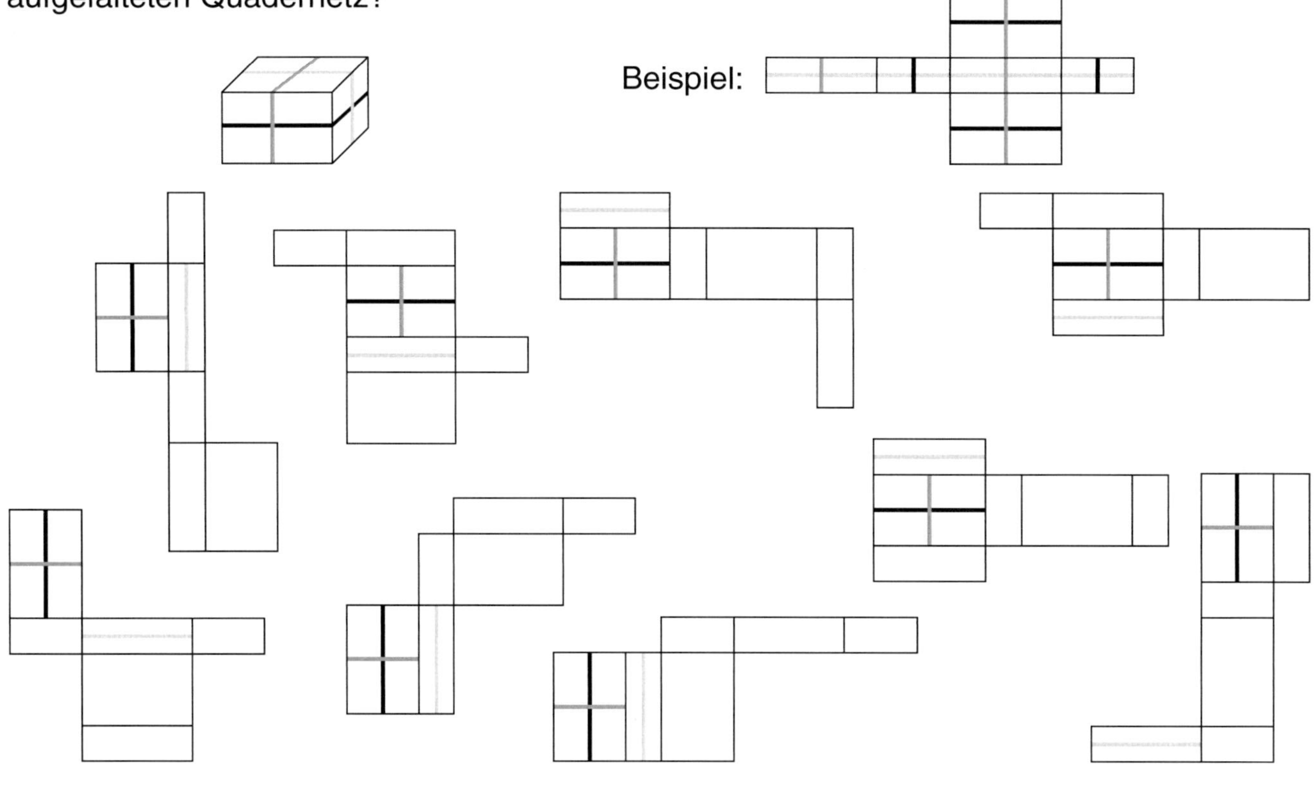


## Q6 – Dreifach umspannter Quader

Ein Quader ist von drei durchgezogenen Linien umspannt. Wie verlaufen die Linien beim aufgefalteten Quadernetz?

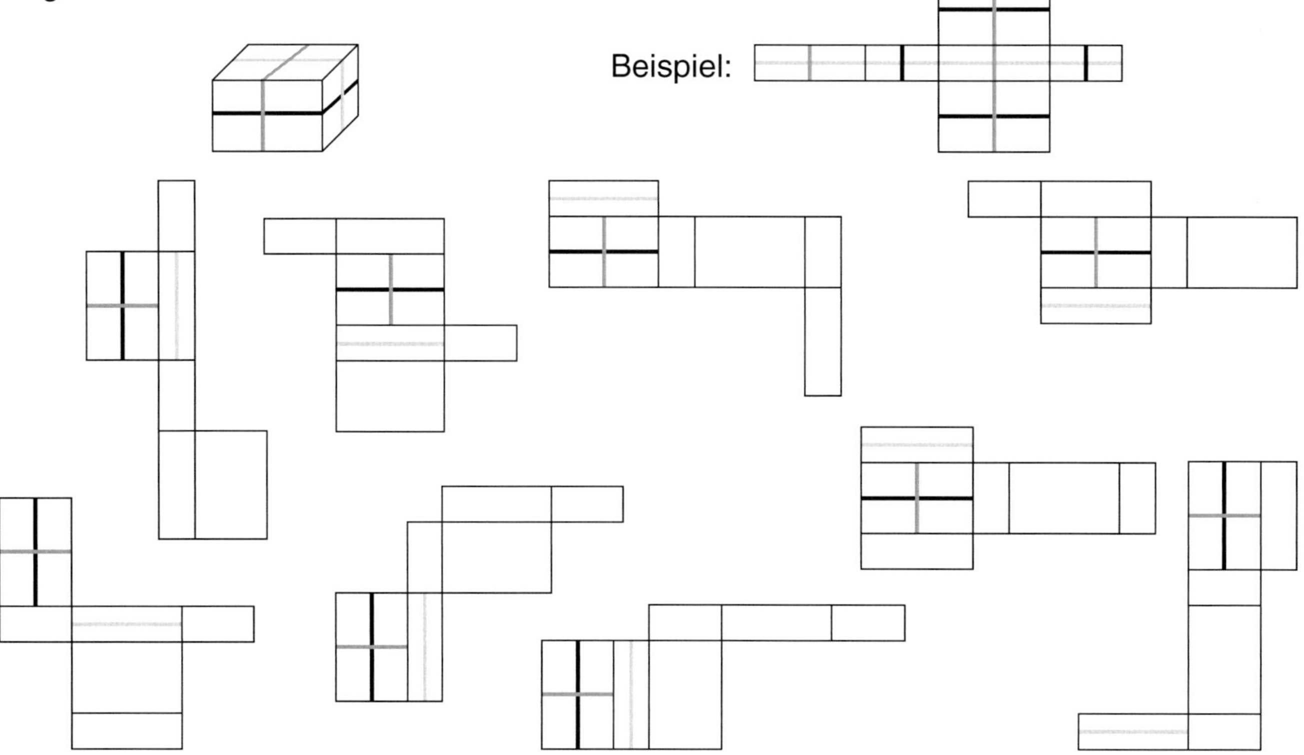

## Q7 – Quadernetze aus zwei vorgegebenen Rechtecken zeichnen

Zeichne jeweils aus den beiden vorgegebenen Rechtecken ein vollständiges Quadernetz.

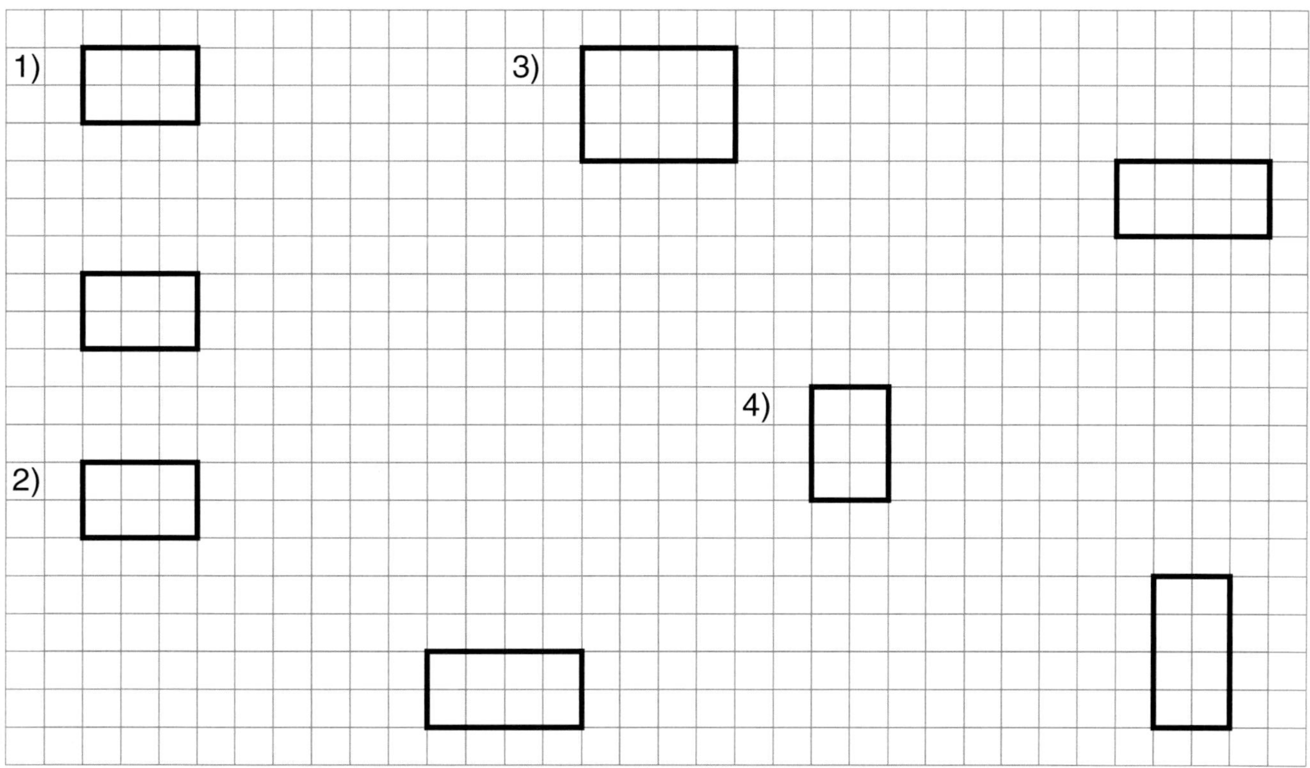


## Q7 – Quadernetze aus zwei vorgegebenen Rechtecken zeichnen

Zeichne jeweils aus den beiden vorgegebenen Rechtecken ein vollständiges Quadernetz.

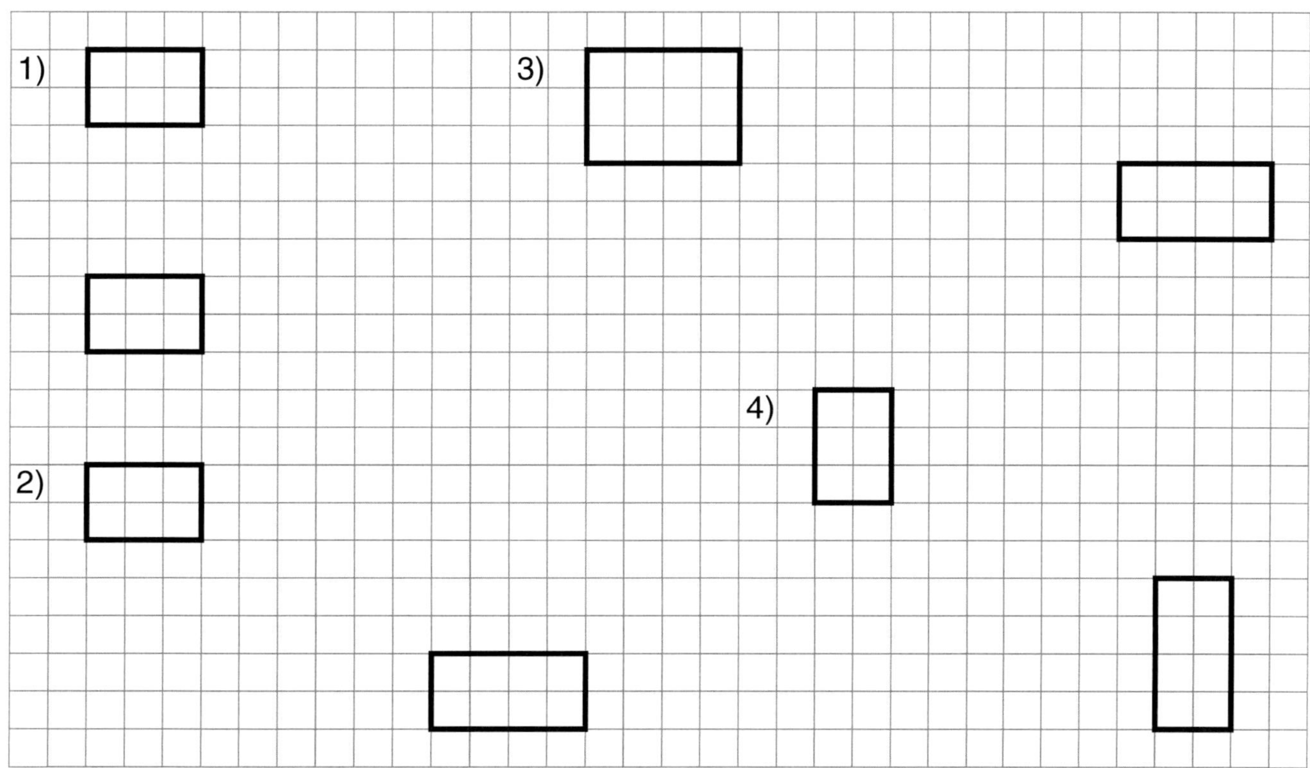

## Q8 – Rechtecke verschiedenen Quadernetzen zuordnen

Die 18 Rechtecke gehören zu drei verschiedenen Quadernetzen. Markiere Rechtecke, die zusammen ein Quadernetz bilden, in gleicher Farbe.

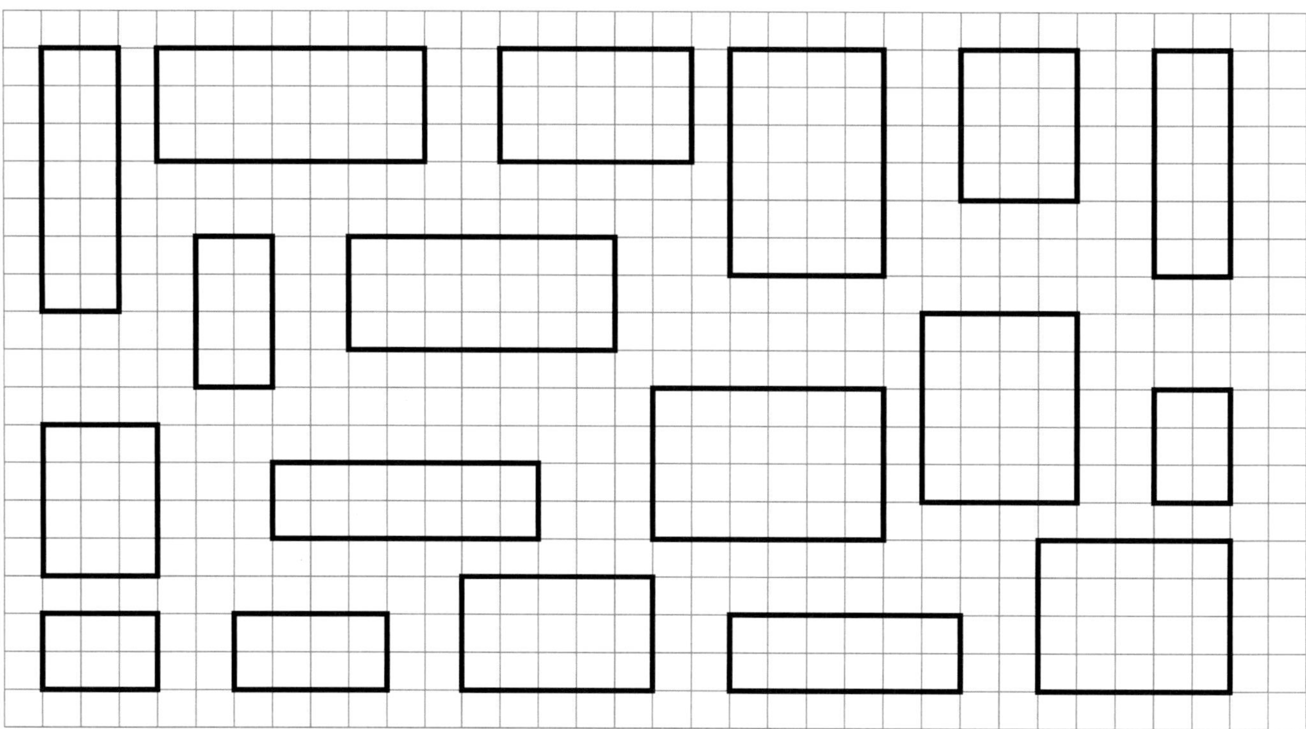

## Q8 – Rechtecke verschiedenen Quadernetzen zuordnen

Die 18 Rechtecke gehören zu drei verschiedenen Quadernetzen. Markiere Rechtecke, die zusammen ein Quadernetz bilden, in gleicher Farbe.

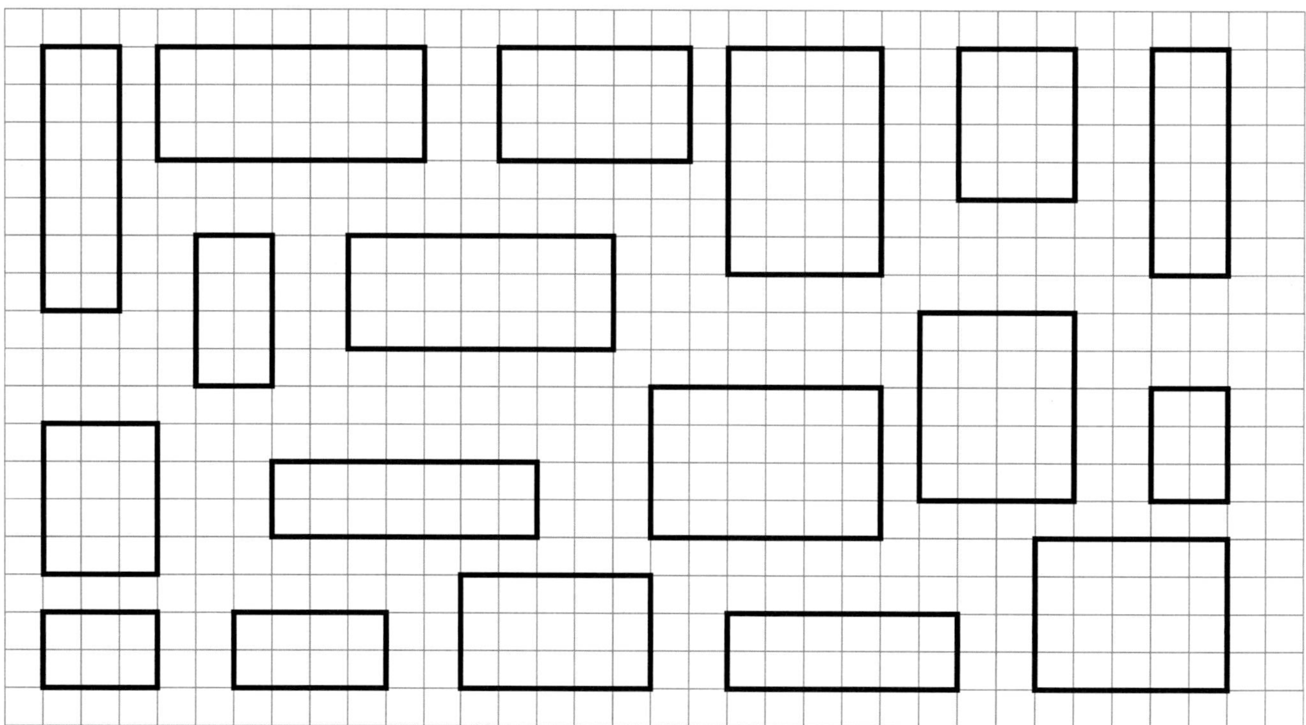

# Q9 – Quadernetze auf vorgegebener Fläche weiterzeichnen

Vervollständige die Quadernetze auf der vorgegebenen Fläche.

1)

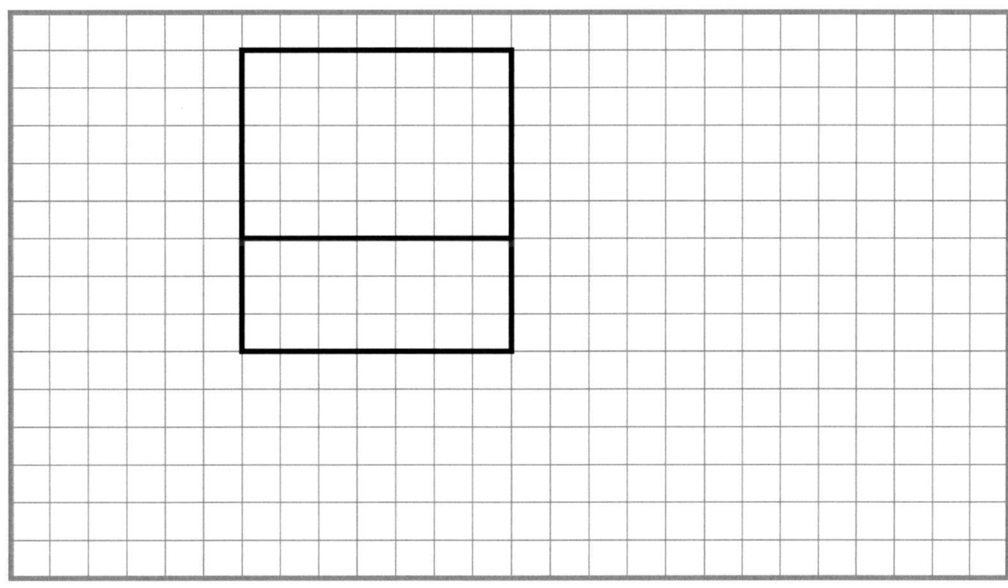

2)

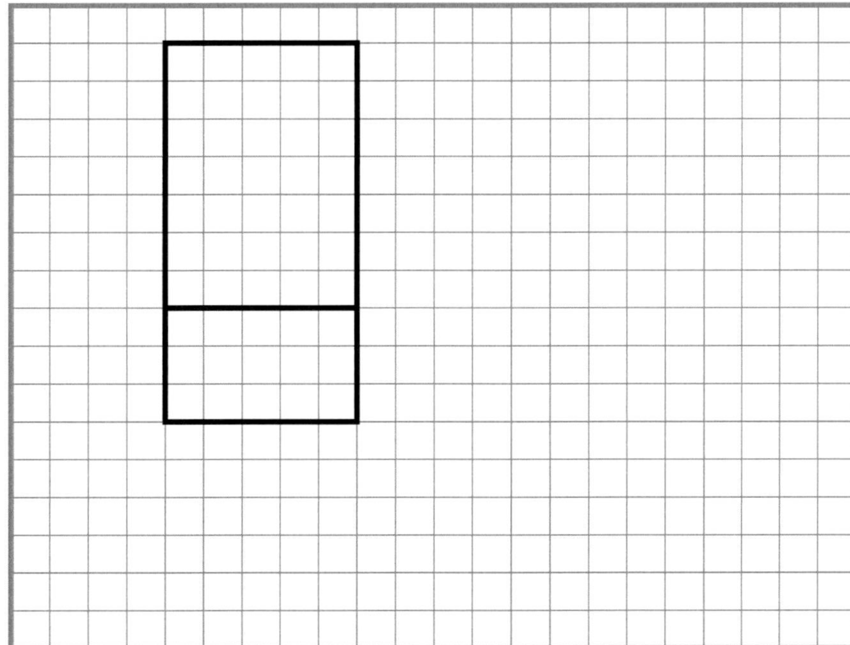

3)

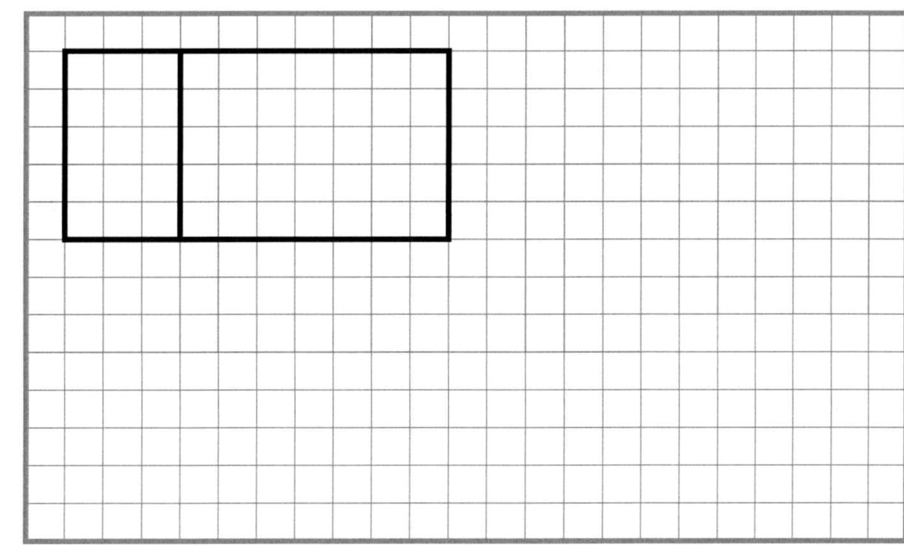

## Q10 – Überlappende Quaderflächen

Die folgenden Quadernetze sind **falsch**. Markiere diejenigen Quaderflächen, die sich nach dem Falten überlappen.

## Q10 – Überlappende Quaderflächen

Die folgenden Quadernetze sind **falsch**. Markiere diejenigen Quaderflächen, die sich nach dem Falten überlappen.

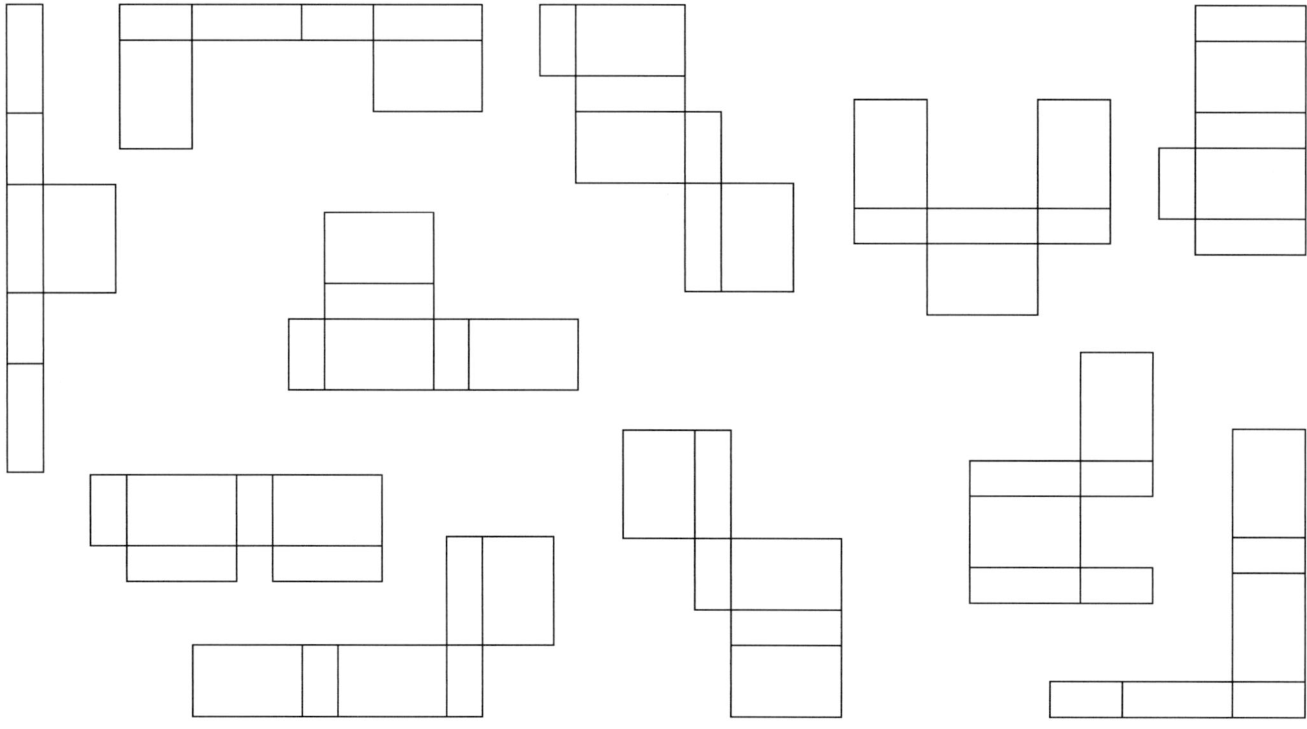

## *Q11 – Quadernetz in vorgegebenes Quadrat zeichnen*

a) Zeichne ein Quadernetz mit den Kantenlängen a = 5 cm, b = 2,5 cm, c = 1 cm in die unten gegebene Fläche von 7 cm x 7 cm.

b) Ist es möglich, ein Netz des Quaders aus Aufgabe a) auf die unten gegebene Fläche von 6 cm x 6 cm zu zeichnen?

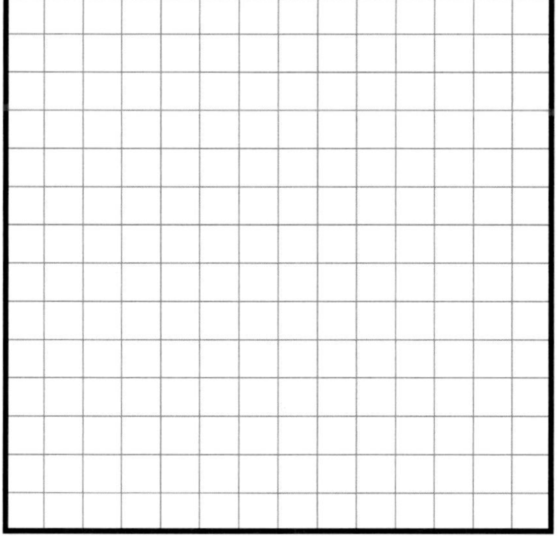

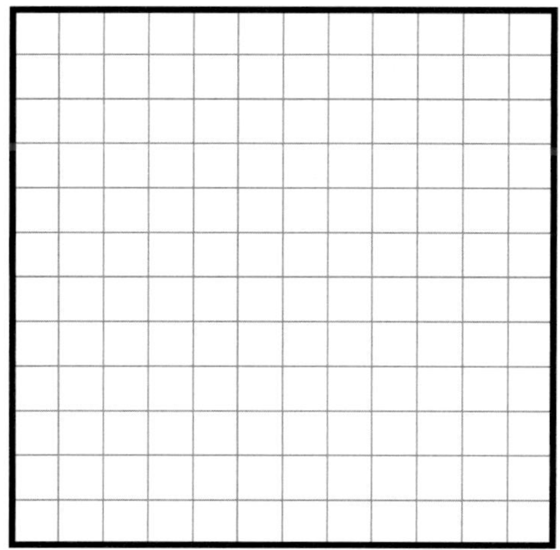

## *Q11 – Quadernetz in vorgegebenes Quadrat zeichnen*

a) Zeichne ein Quadernetz mit den Kantenlängen a = 5 cm, b = 2,5 cm, c = 1 cm in die unten gegebene Fläche von 7 cm x 7 cm.

b) Ist es möglich, ein Netz des Quaders aus Aufgabe a) auf die unten gegebene Fläche von 6 cm x 6 cm zu zeichnen?

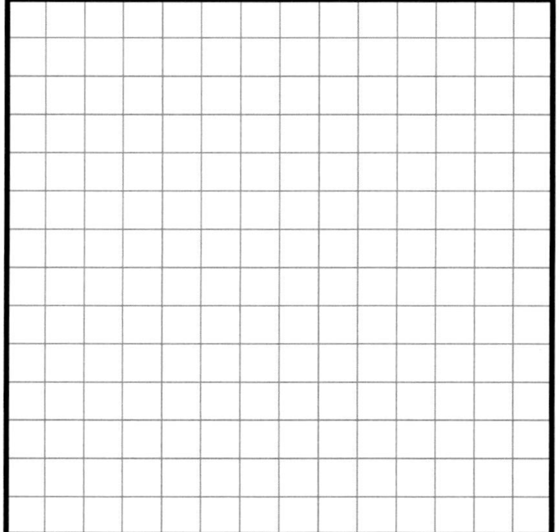

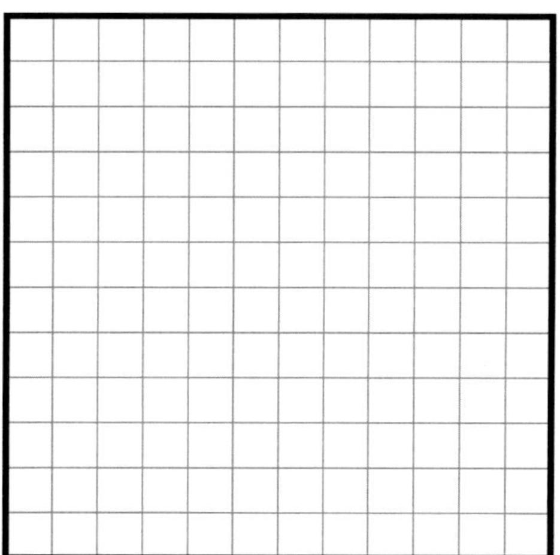

## Q12 – Zeichne alle Quadernetze!

Es sei ein Quader mit drei unterschiedlichen Kantenlängen gegeben.
Zeichne alle echt verschiedenen (d. h. nicht gedrehte oder gespiegelte) Quadernetze, die zu diesem Quader gehören!

**Hinweis:**
Ein Quadernetz sieht z. B. so aus:

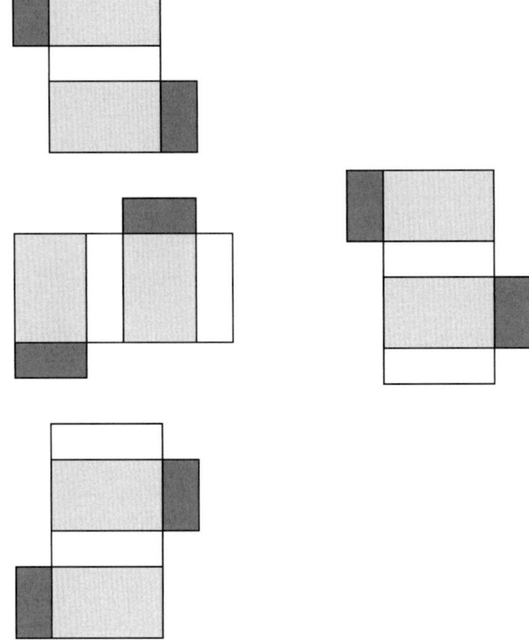

Die beiden nebenstehenden Quadernetze sind nicht verschieden, da sie nur gedreht wurden.

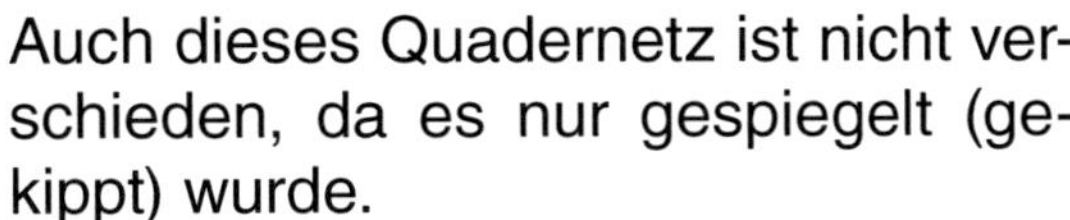

Auch dieses Quadernetz ist nicht verschieden, da es nur gespiegelt (gekippt) wurde.

## Q12 – Zeichne alle Quadernetze!

Es sei ein Quader mit drei unterschiedlichen Kantenlängen gegeben.
Zeichne alle echt verschiedenen (d. h. nicht gedrehte oder gespiegelte) Quadernetze, die zu diesem Quader gehören!

**Hinweis:**
Ein Quadernetz sieht z. B. so aus:

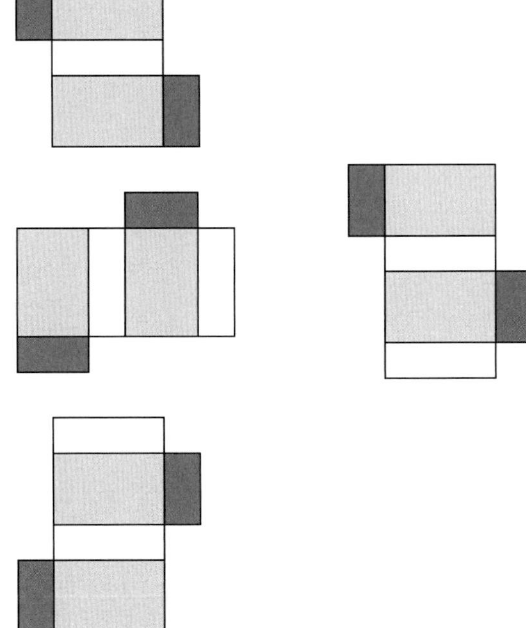

Die beiden nebenstehenden Quadernetze sind nicht verschieden, da sie nur gedreht wurden.

Auch dieses Quadernetz ist nicht verschieden, da es nur gespiegelt (gekippt) wurde.

# Lösung zu W1:

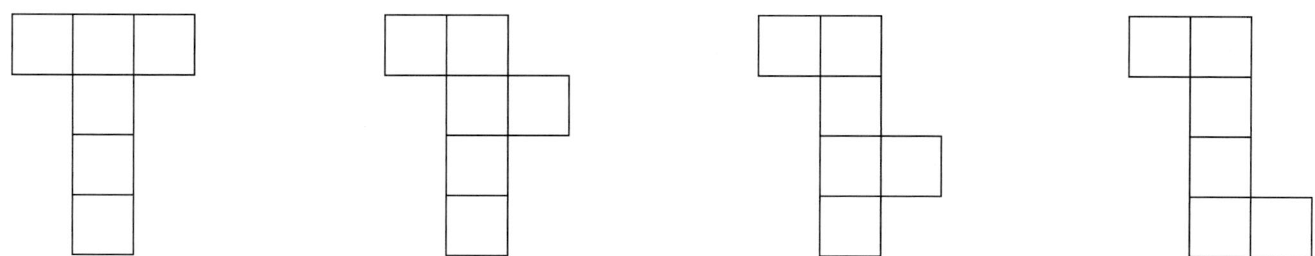

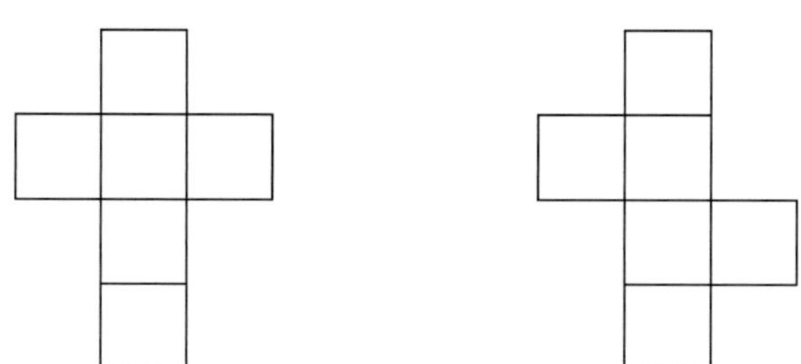

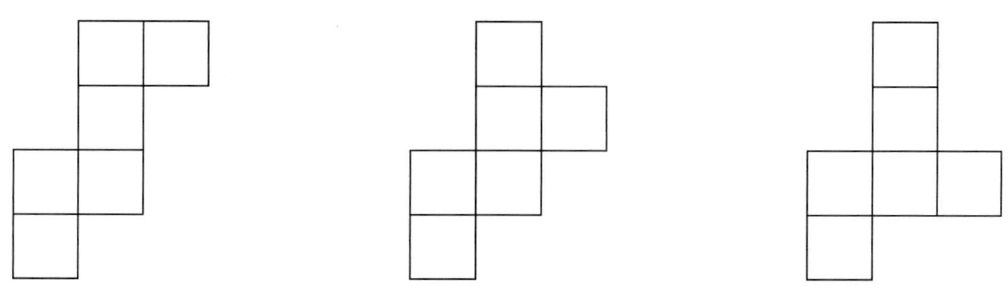

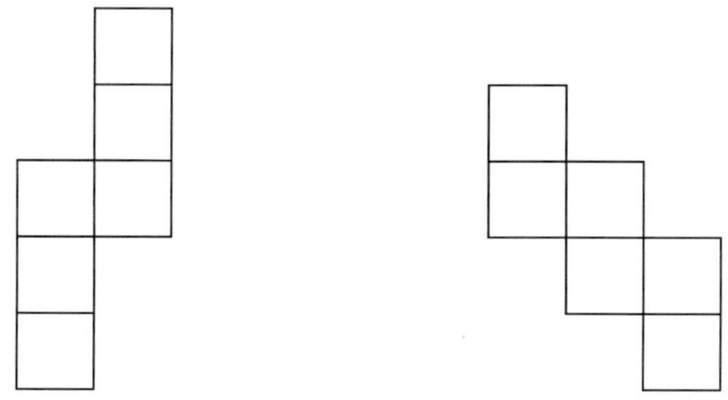

## Lösung zu W2:

## Lösung zu W3:

1)

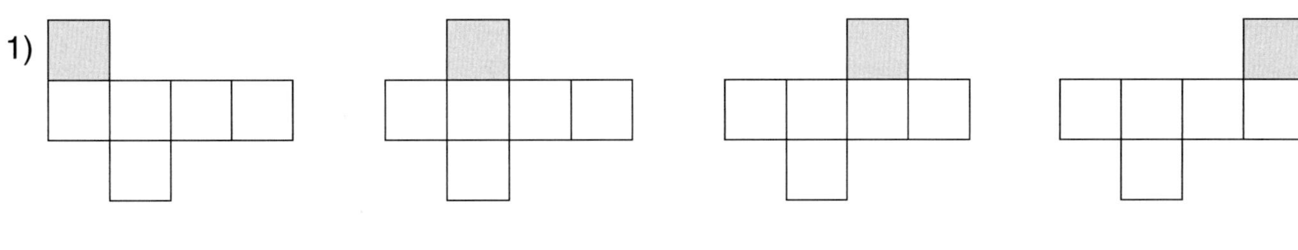

2)

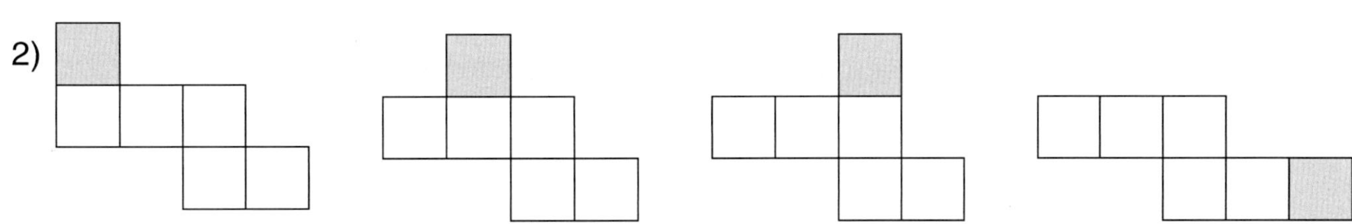

3)

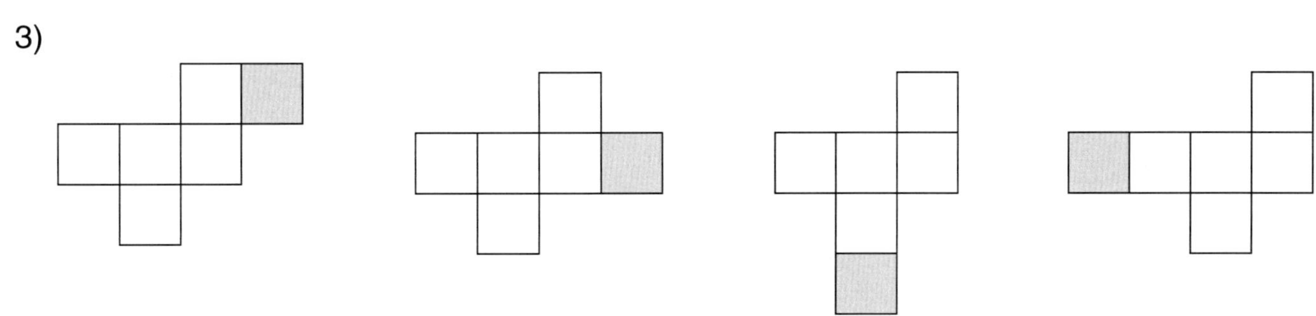

## Lösung zu W4:

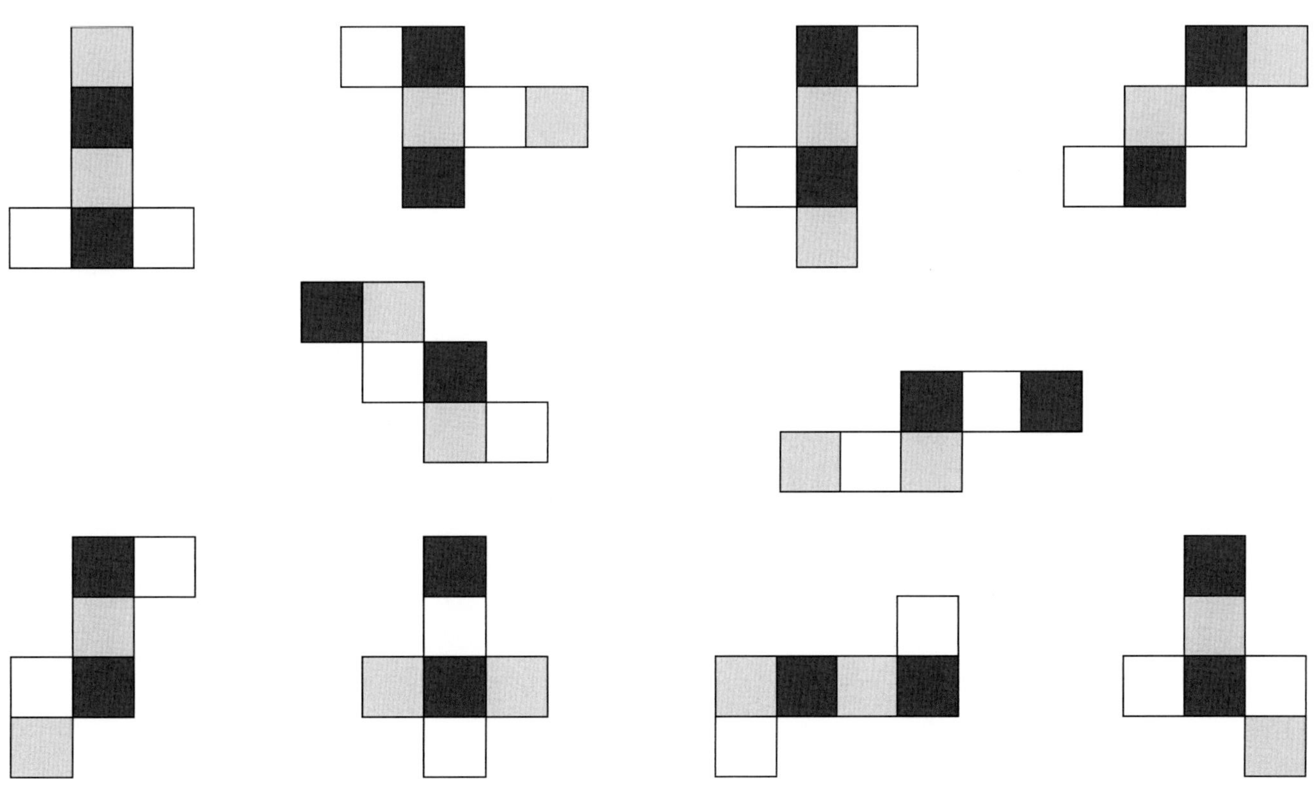

## Lösung zu W5:

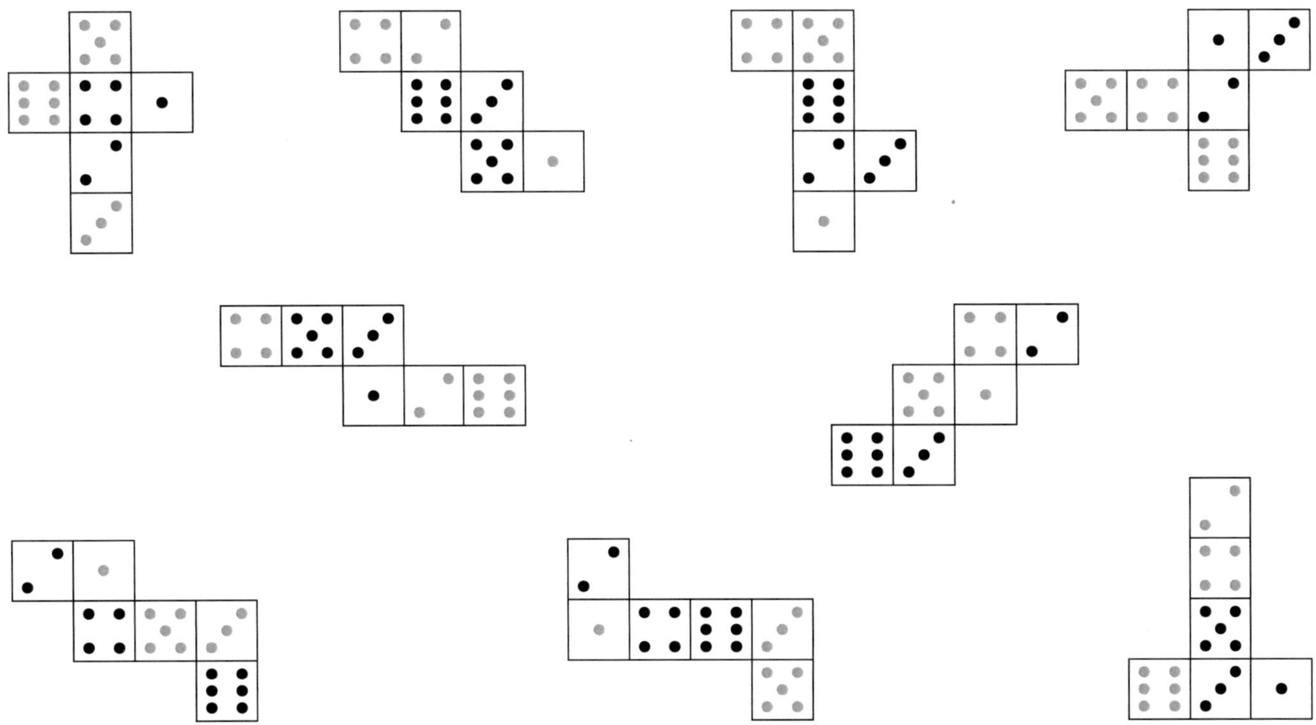

## Lösung zu W6:

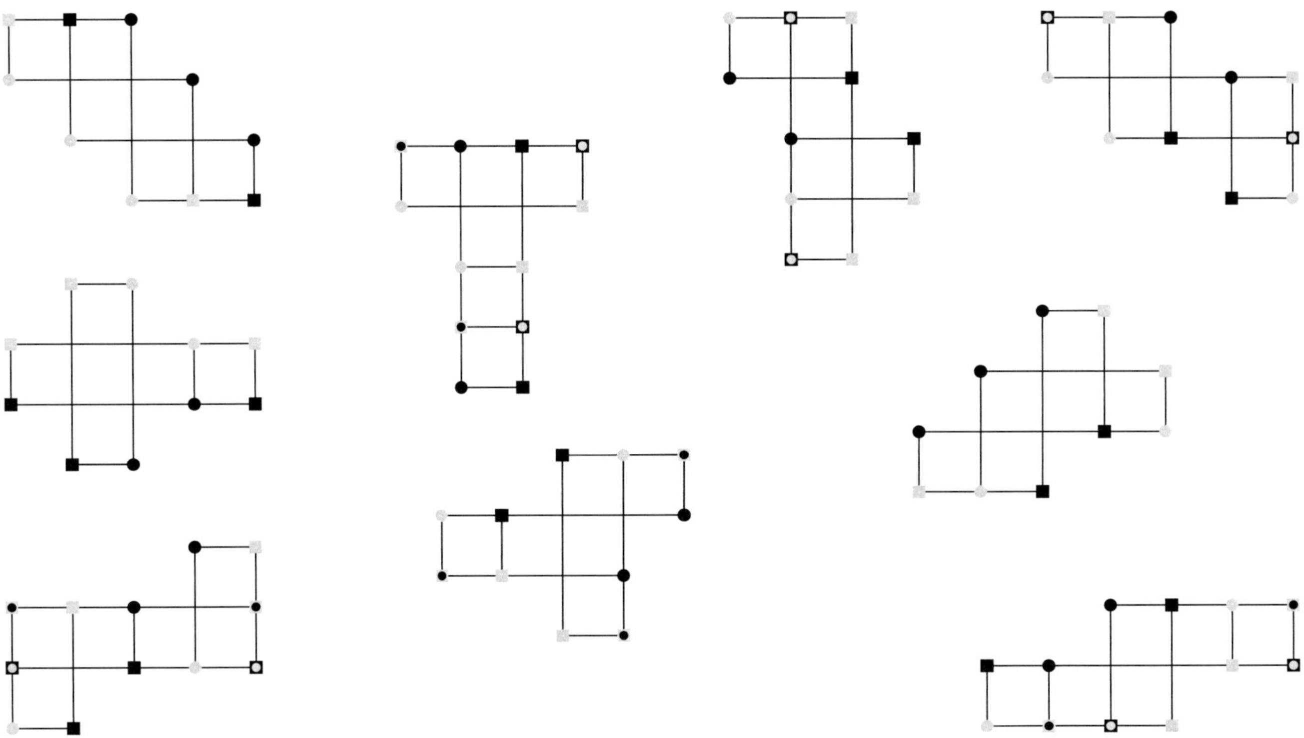

## Lösung zu W7:

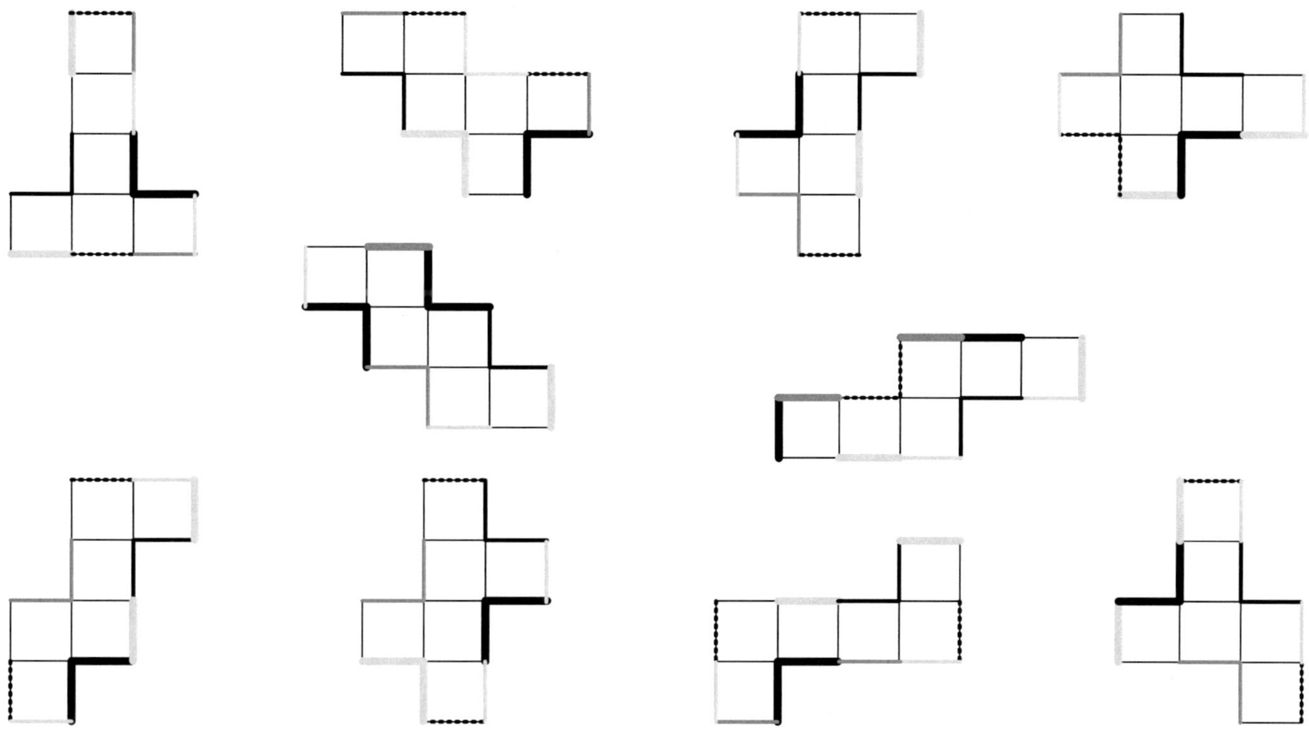

## Lösung zu W8:

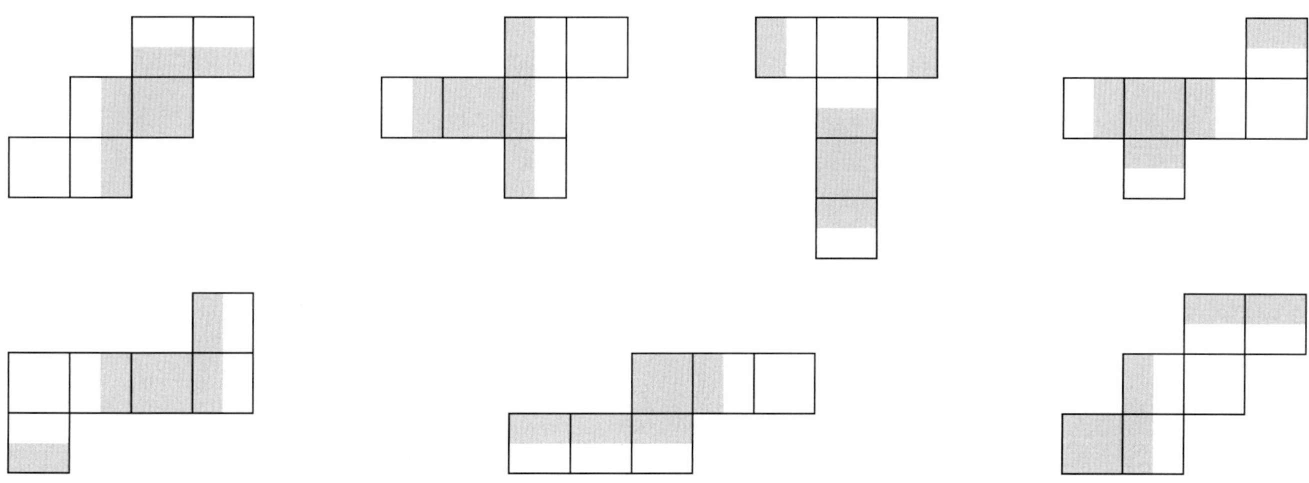

## Lösung zu W9:

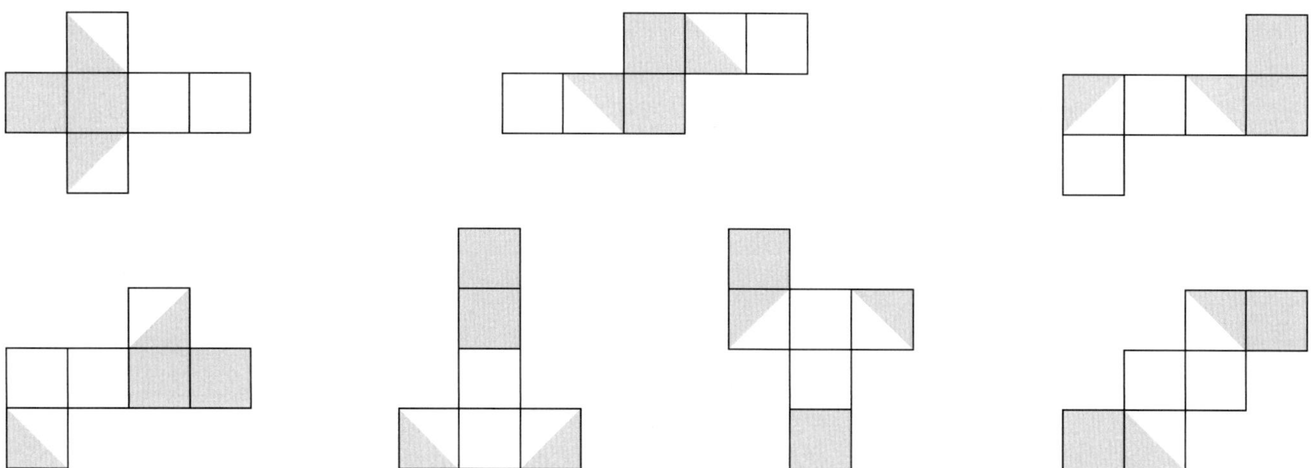

## Lösung zu W10:

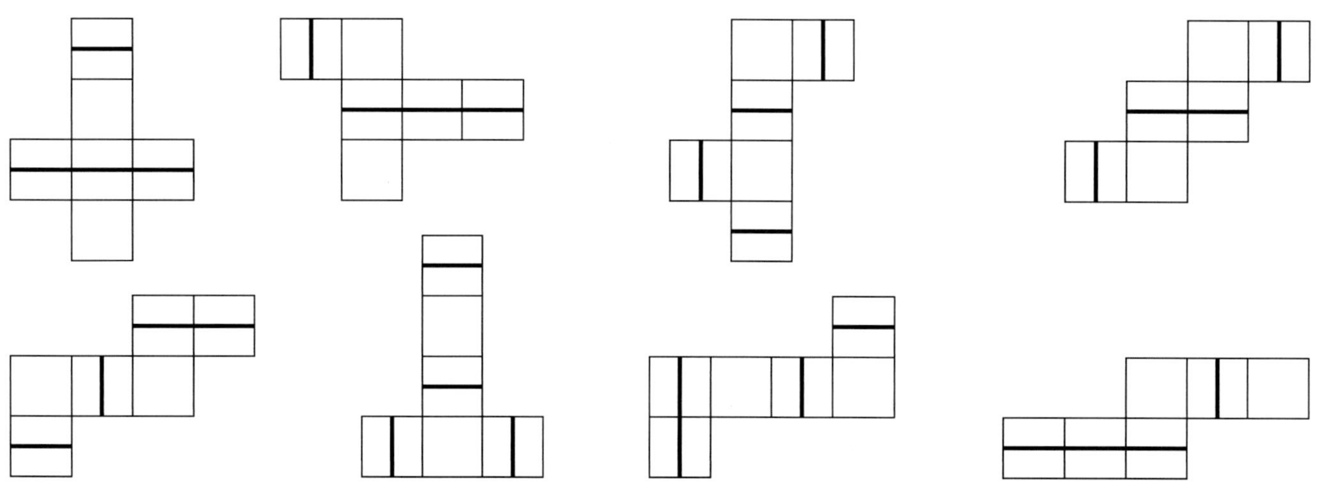

## Lösung zu W11:

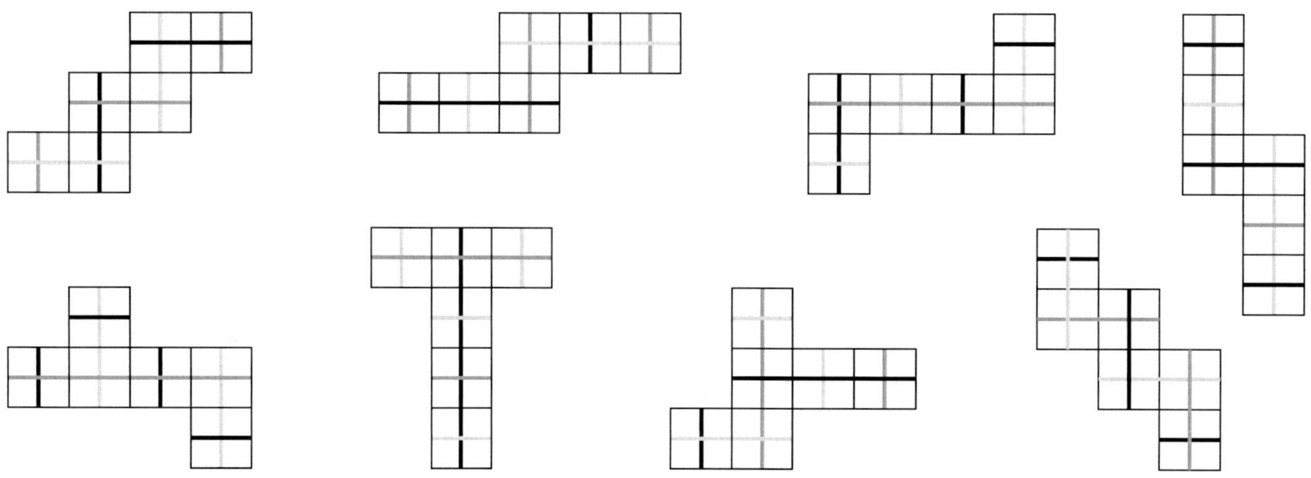

# Lösung zu W12:

1)

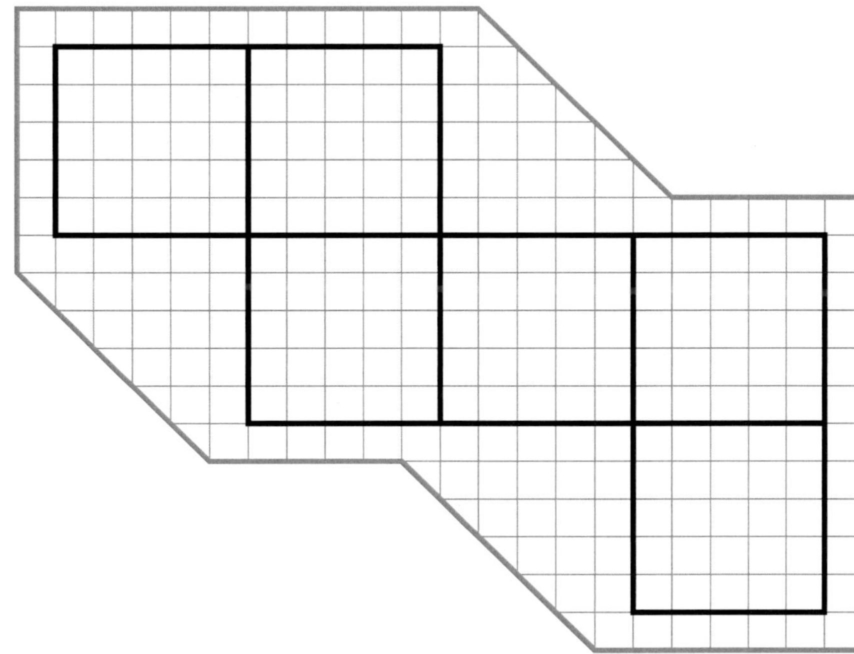

2)

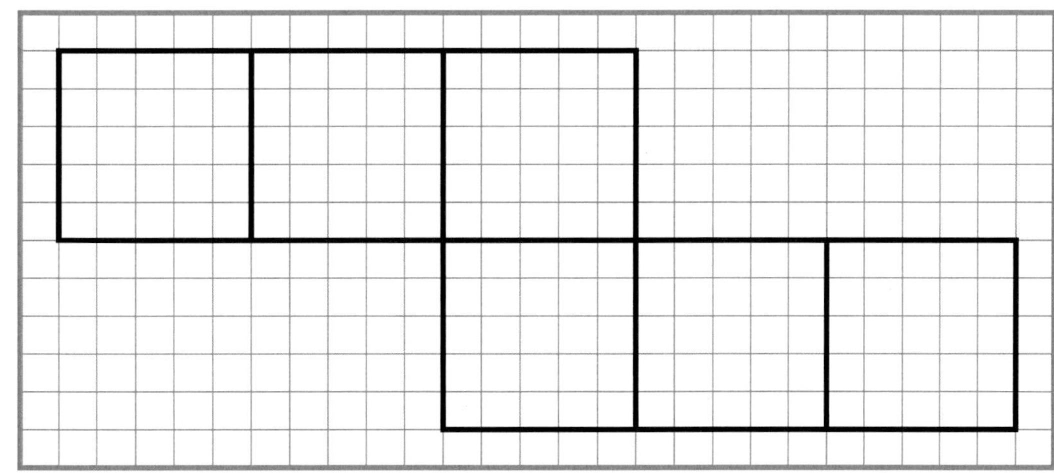

3)

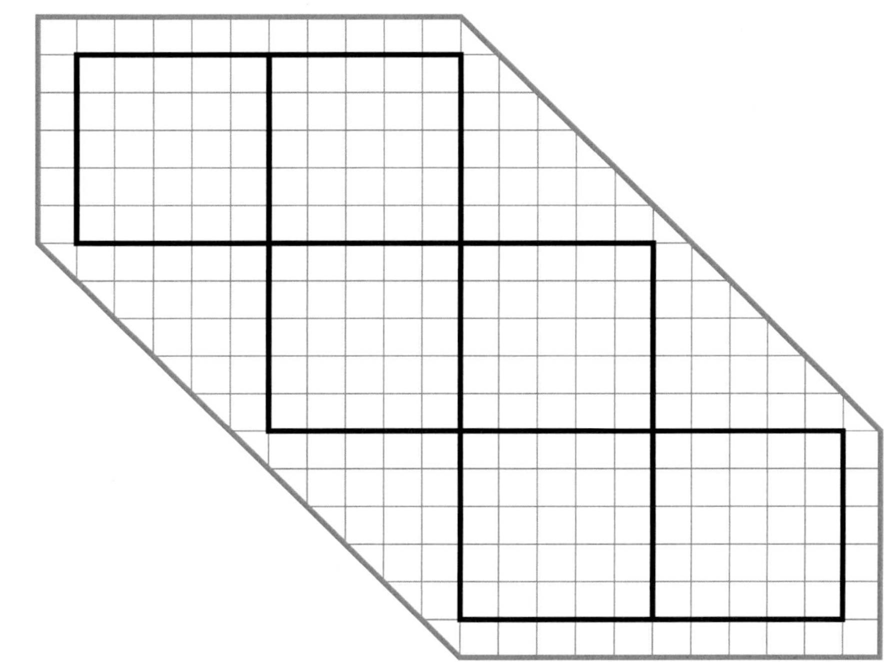

## Lösung zu W13:

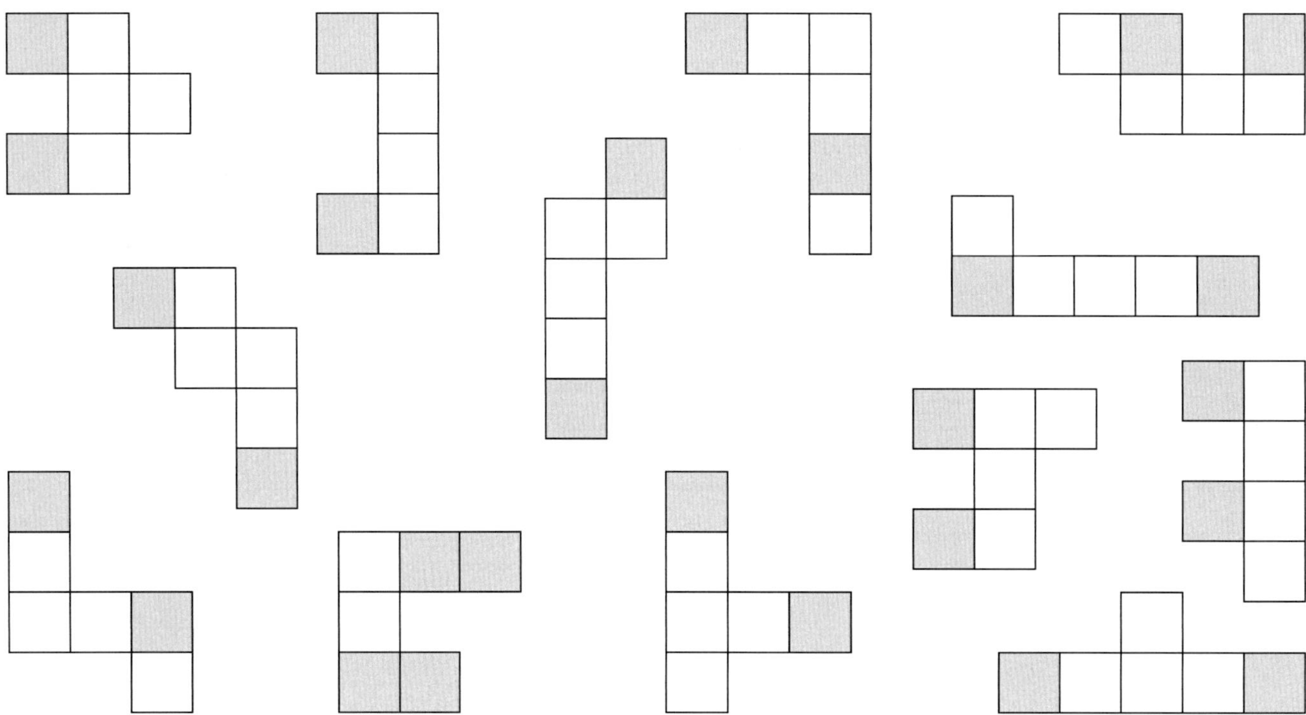

# Lösung zu Q1:

## Lösung zu Q2:

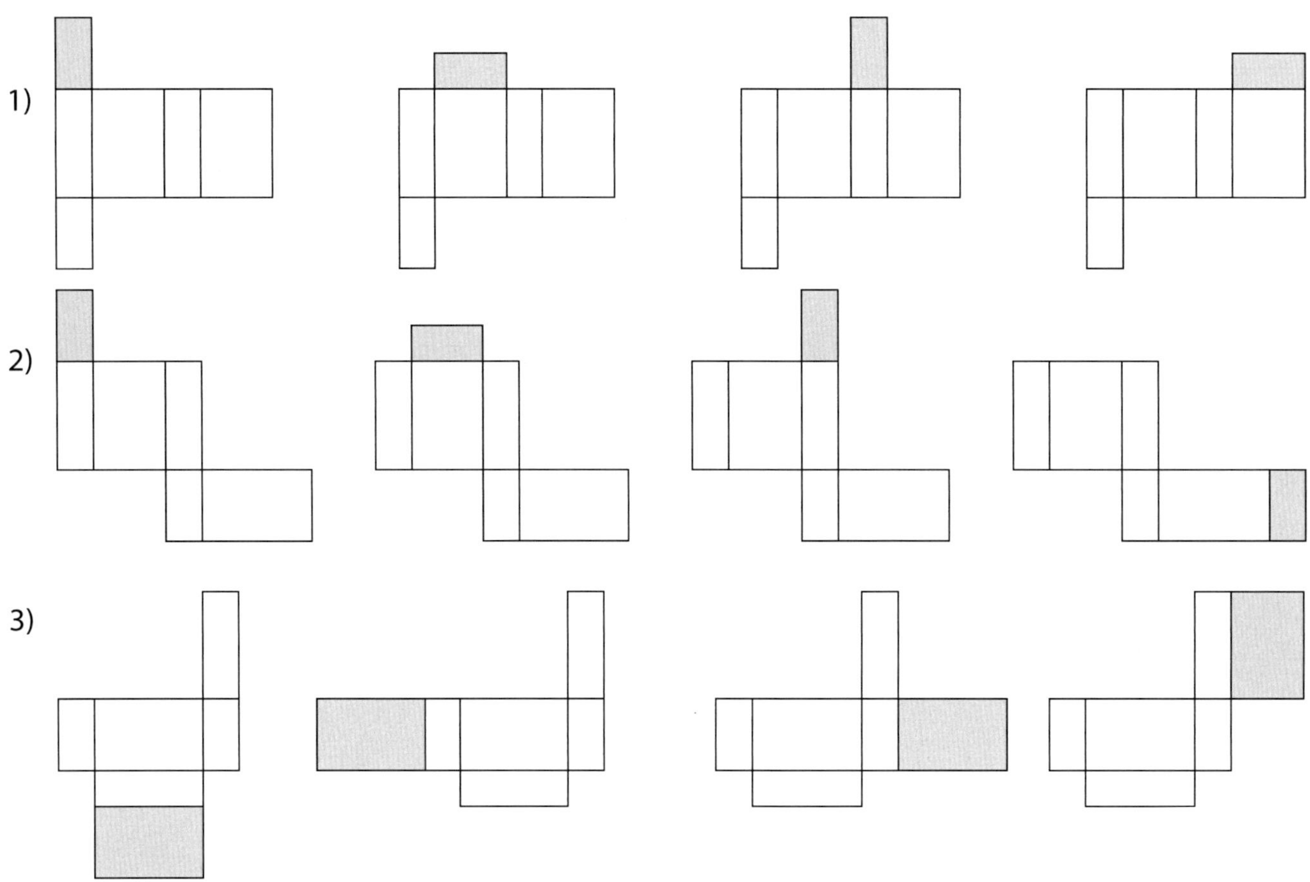


## Lösung zu Q3:

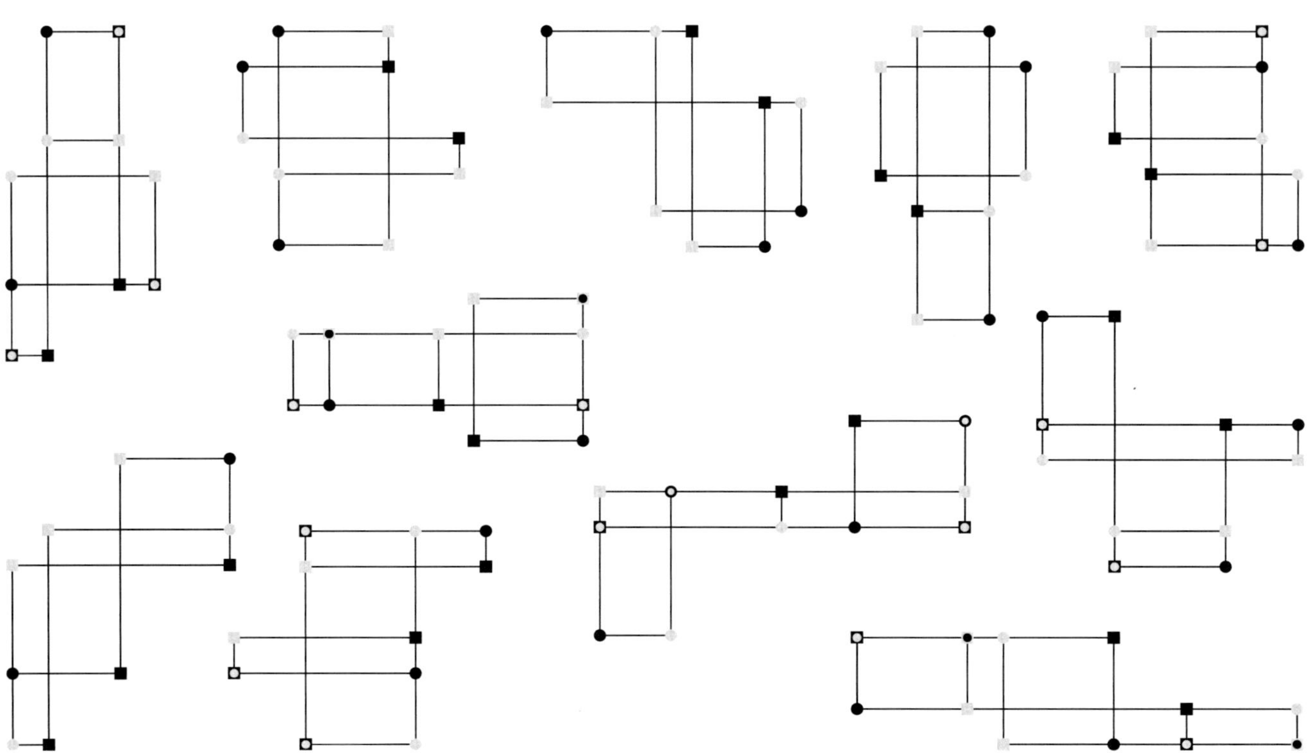

## *Lösung zu Q4:*

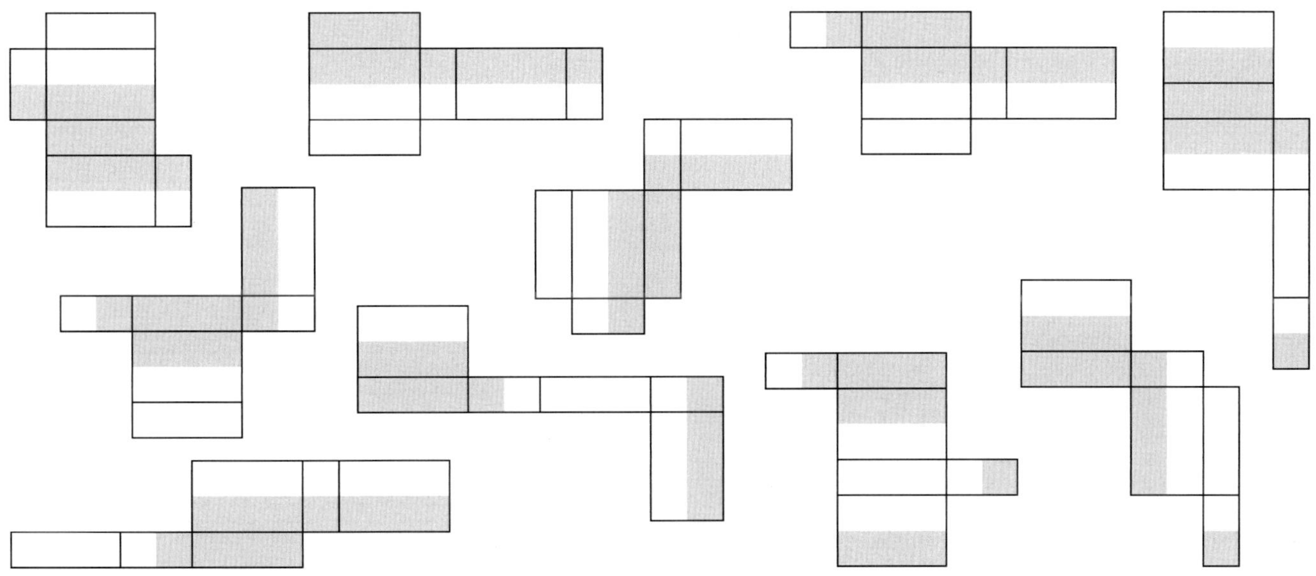

## *Lösung zu Q5:*

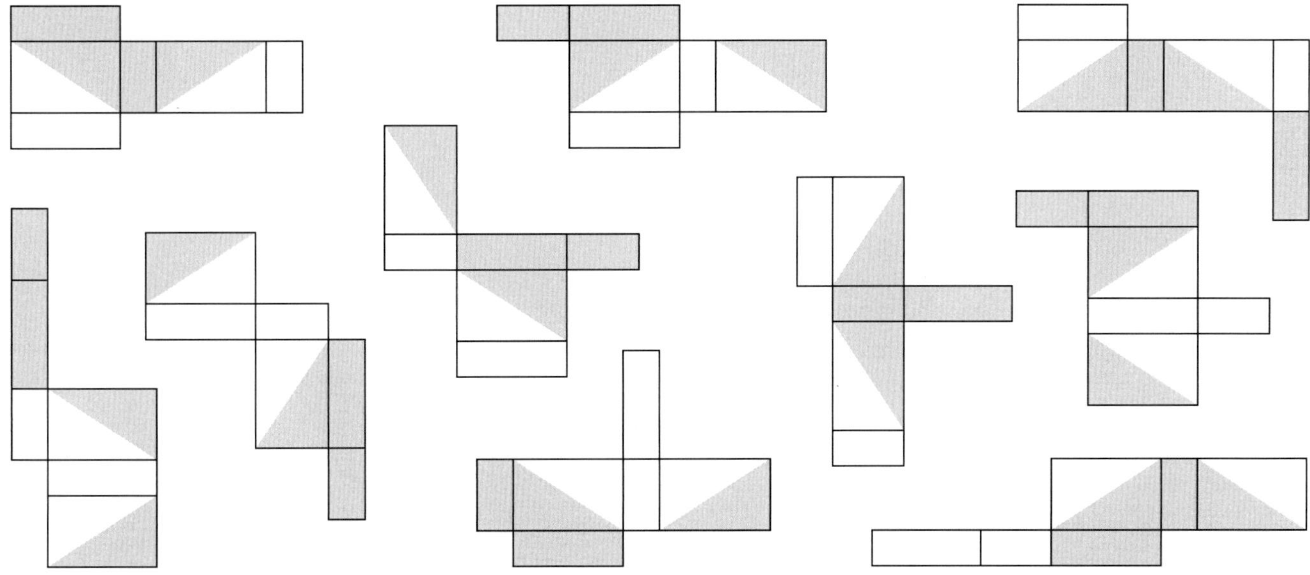

## *Lösung zu Q6:*

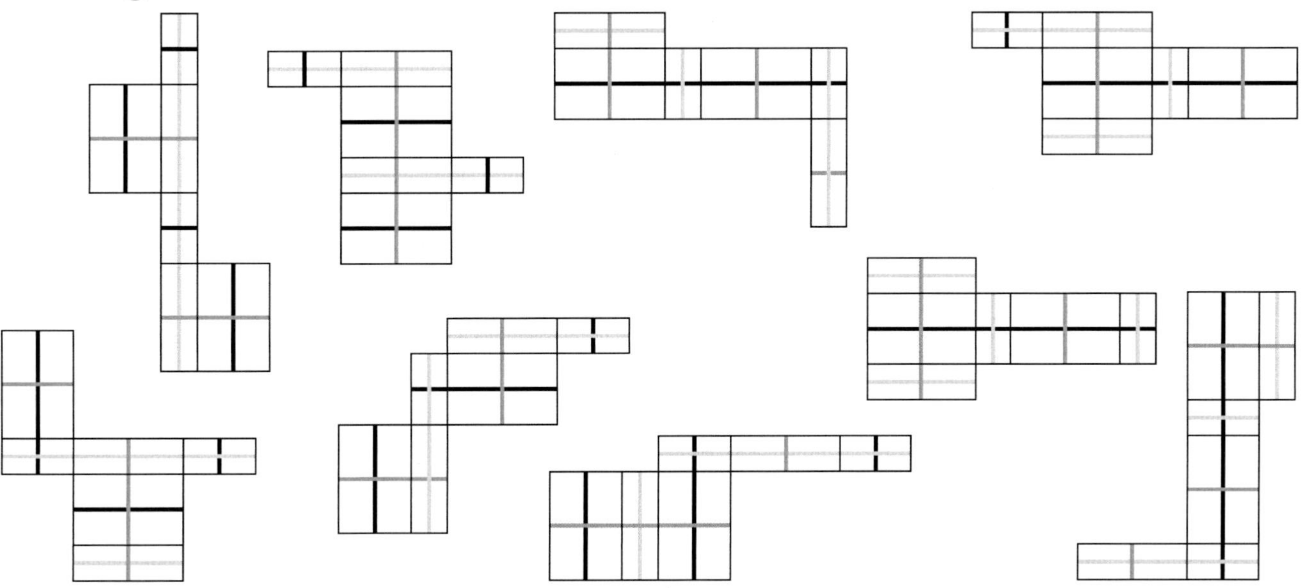

## Lösung zu Q7:

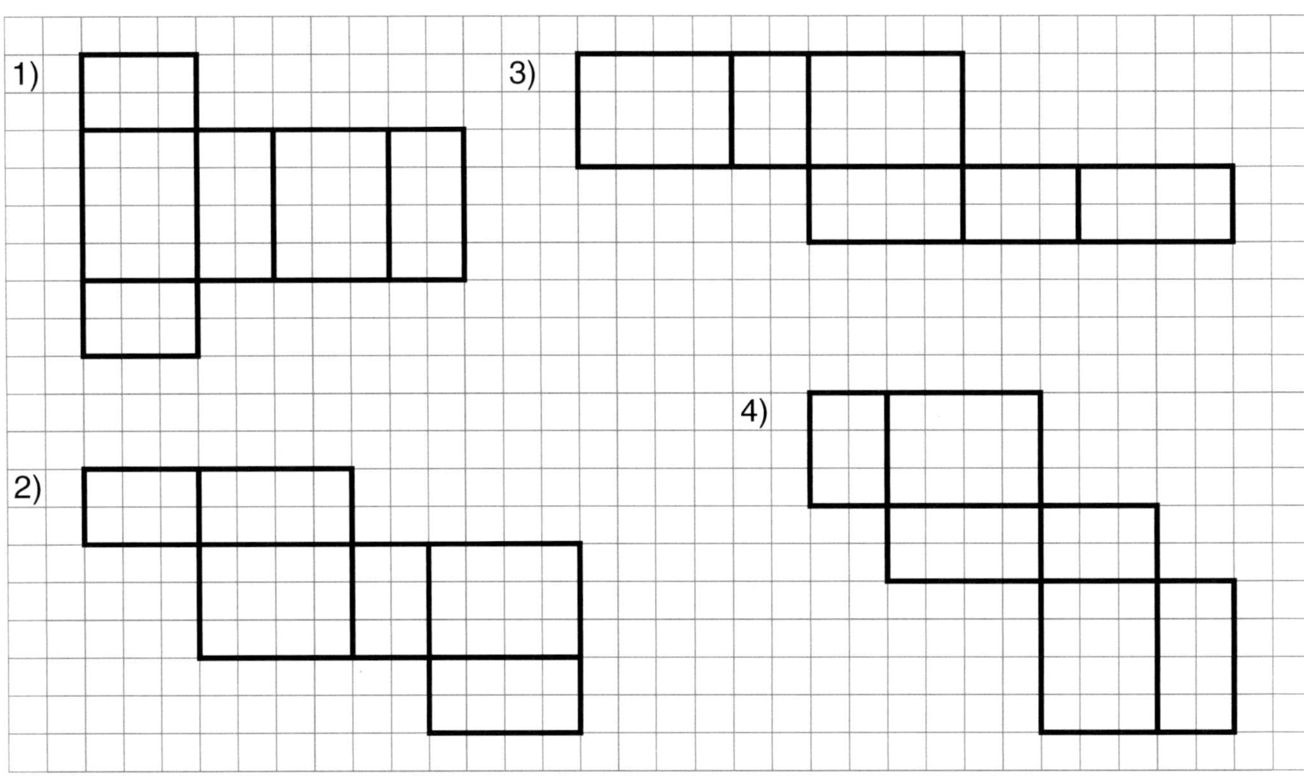


## Lösung zu Q8:

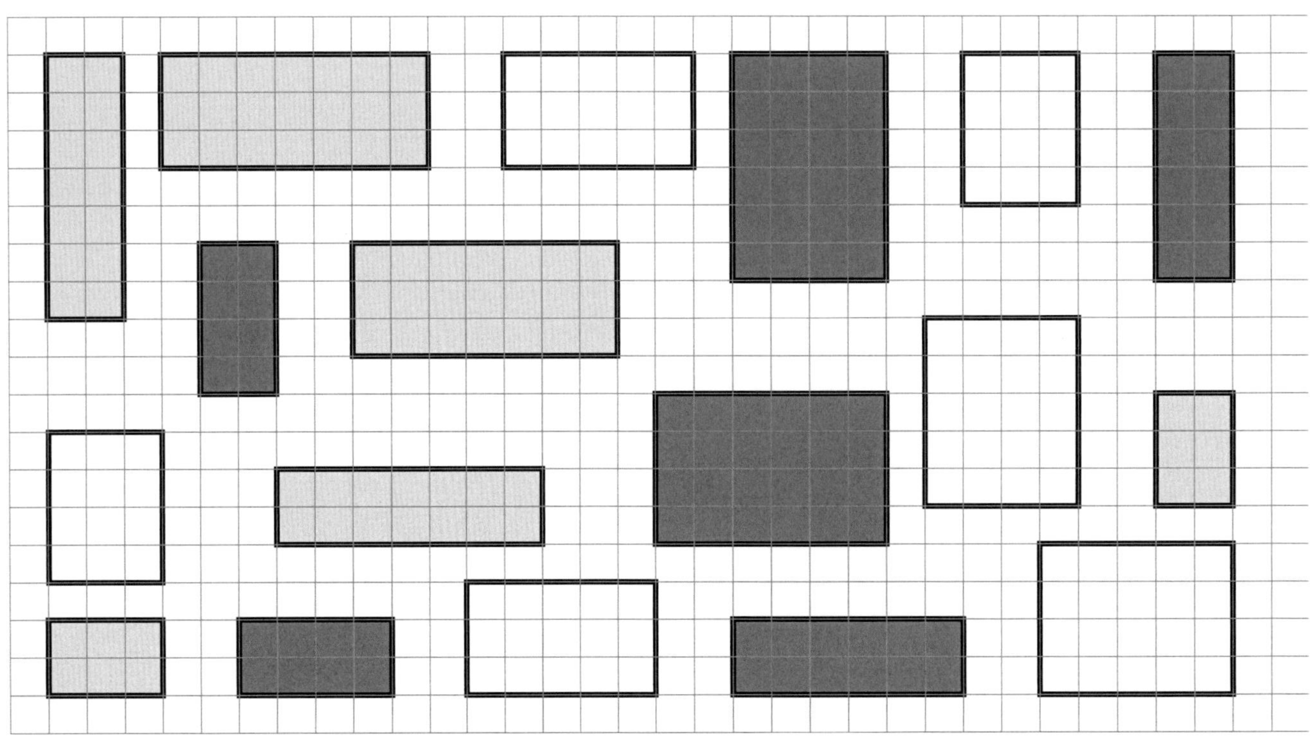

## *Lösung zu Q9:*

Es sind verschiedene Lösungen möglich:

1)

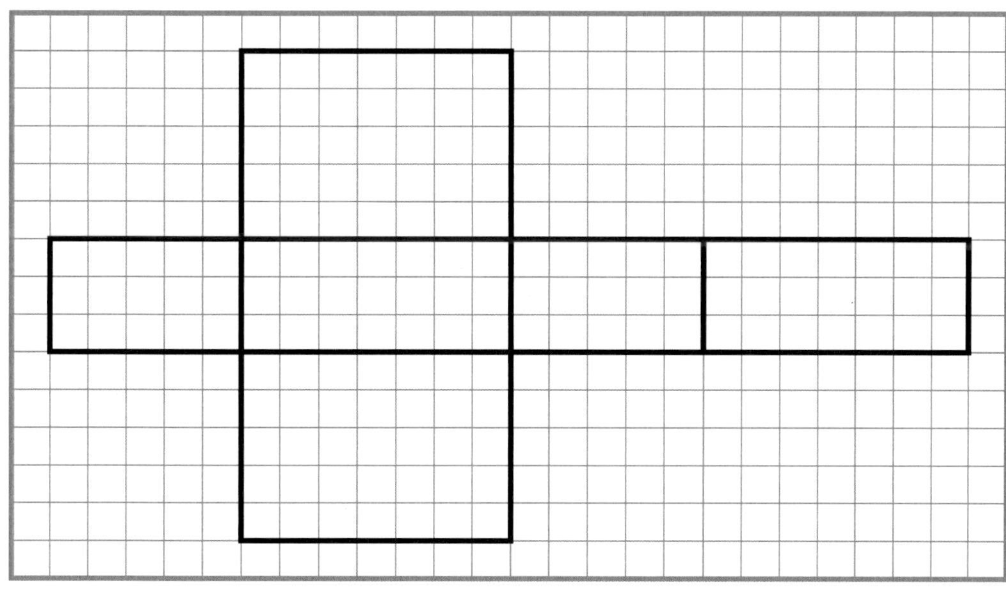

2)

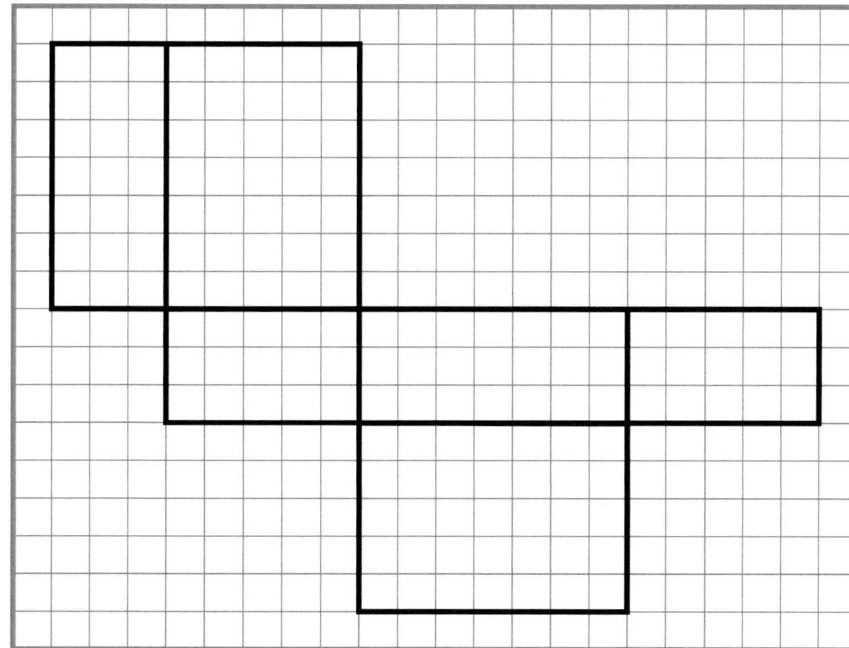

3)

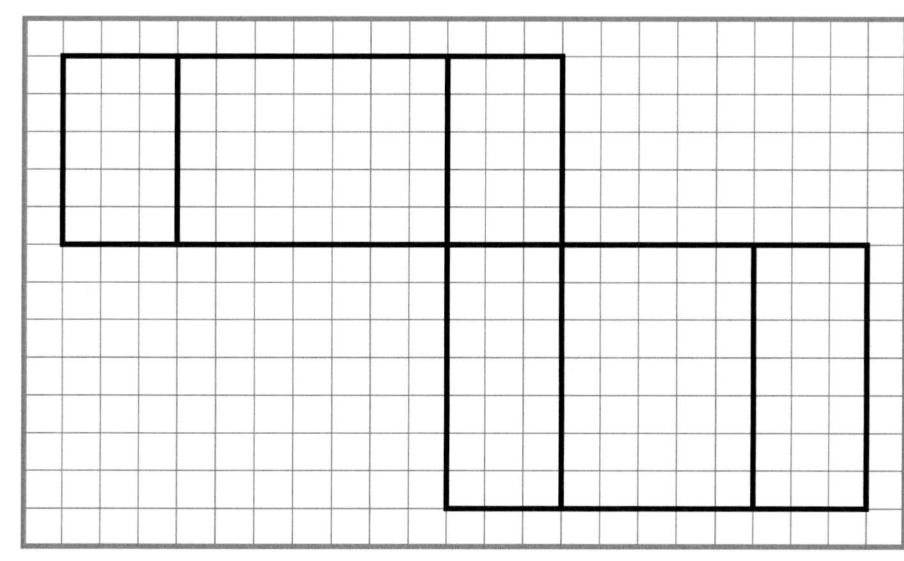

## Lösung zu Q10:

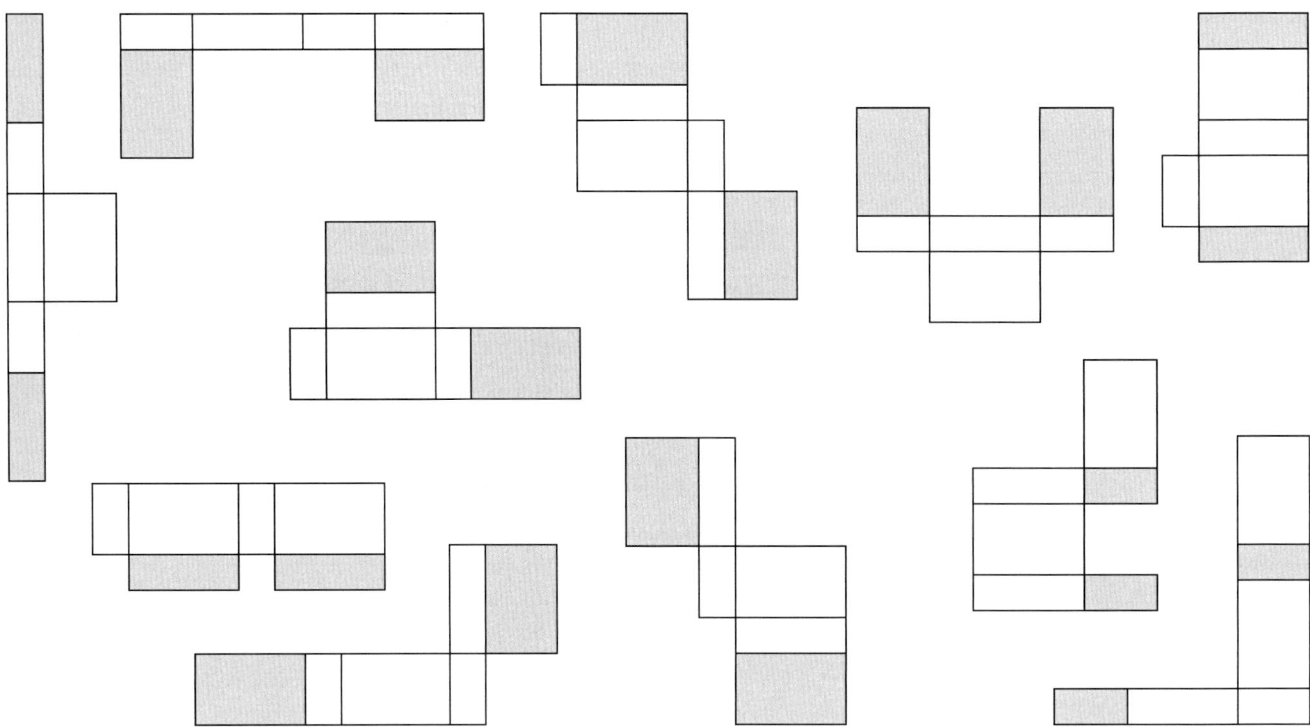

## Lösung zu Q11:

a) Zeichne ein Quadernetz mit den Kantenlängen a = 5 cm, b = 2,5 cm c = 1 cm in die unten gegebene Fläche von 7 cm x 7 cm.

b) Ist es möglich, das Netz des Quaders aus Aufgabe a) auf die unten gegebene Fläche von 6 cm x 6 cm zu zeichnen?

Nein, es ist nicht möglich. Für ein derartiges Quadernetz benötigt man schon allein 40 cm², es stehen aber nur 36 cm² zur Verfügung.

## Lösung zu Q12:

Ein Quader mit drei unterschiedlichen Kantenlängen besitzt 54 echt verschiedene (nicht kongruente) Quadernetze, d. h. die Netze können nicht durch Drehen oder Kippen aufeinandergelegt werden.

Es gibt 30 verschiedene Quadernetze, bei denen vier Rechteckflächen in einer Reihe aneinanderhängen.

Die vier Rechteckflächen, die sich in einer Reihe befinden, können auf drei verschiedene Arten gebildet werden. Im Folgenden bezeichnen schwarz, grau und weiß die drei verschiedenen Rechteckflächen.

Zunächst betrachten wir die Reihe, die abwechselnd von jeweils 2 weißen und 2 grauen Flächen gebildet wird. Dann können sich die beiden schwarzen Flächen oben in erster Position auf beiden Seiten befinden (1-1), links in erster und rechts in zweiter Position (1-2), links in erster und rechts in dritter Position (1-3) usw. Es sind noch die Kombinationen (1-4), (2-2), (2-3), (2-4), (3-3), (3-4) und (4-4) möglich, insgesamt 10 verschiedene.

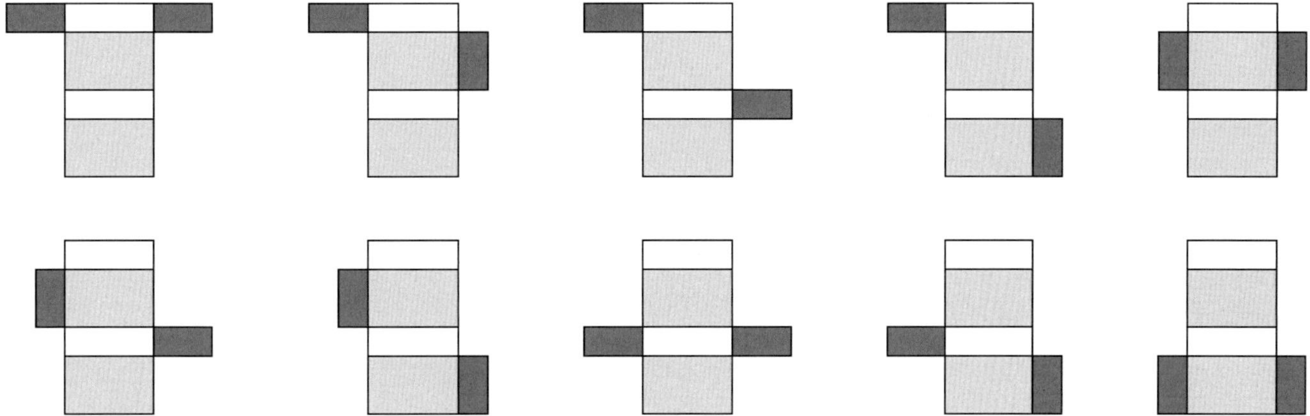

Entsprechend ergeben sich jeweils 10 Quadernetze, wenn die mittlere Reihe aus den schwarzen und weißen Rechtecken gebildet wird.

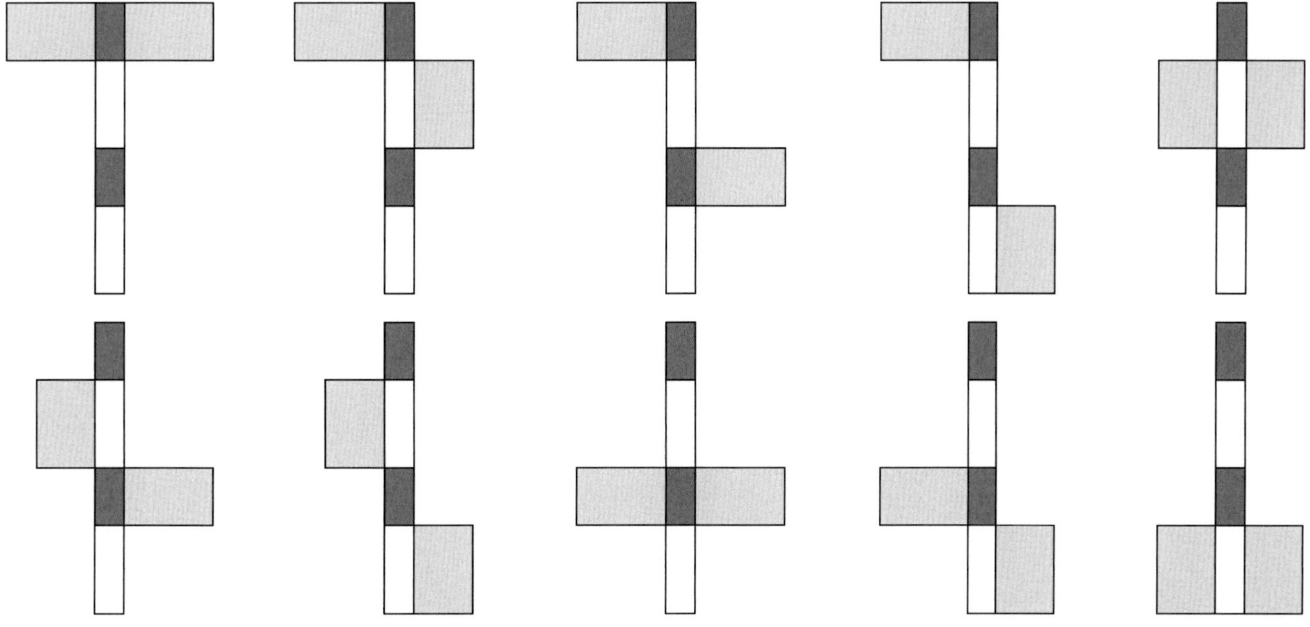

Auch wenn die mittlere Reihe aus den schwarzen und grauen Rechtecken gebildet wird, ergeben sich 10 Quadernetze.

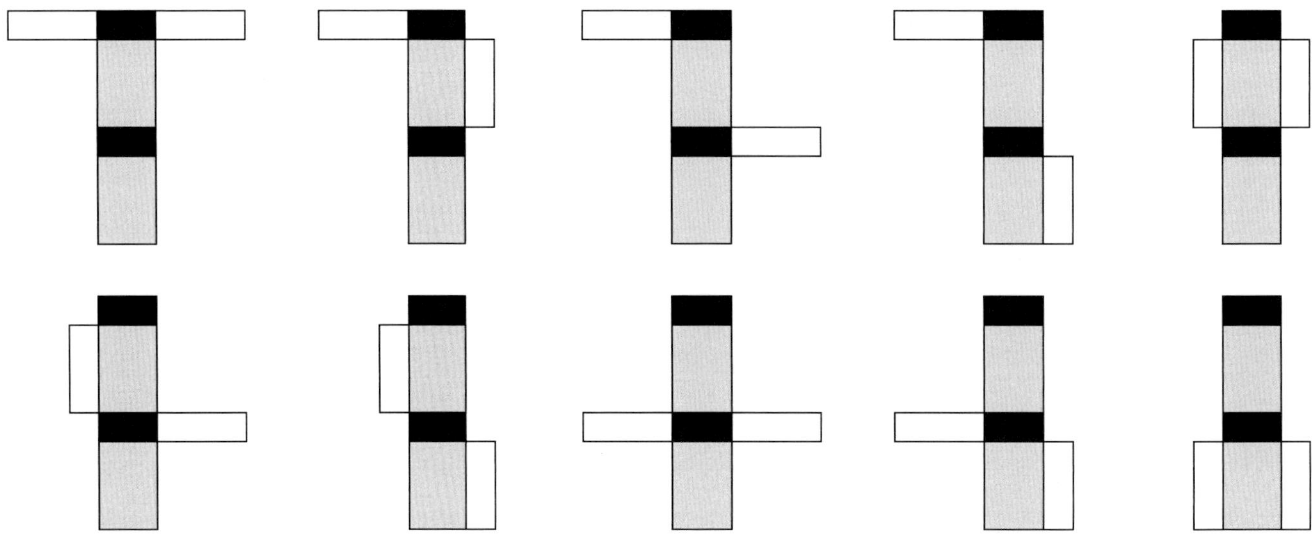

Weiterhin gibt es 18 Quadernetze, bei denen in der Mitte drei Rechteckflächen aneinanderhängen, links an erster Position zwei weitere Rechteckflächen hängen und sich die letzte Rechteckfläche an einer der drei Positionen rechts befindet.

Betrachten wir als Erstes die mittlere senkrechte Reihe grau weiß grau. Es ergeben sich die folgenden drei Netze.

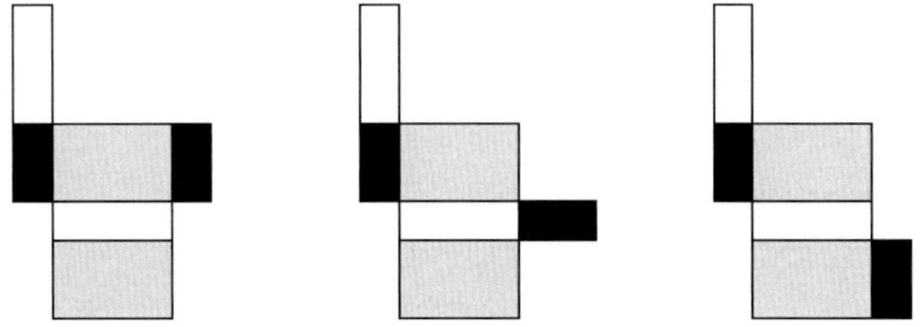

Ebenso ergeben sich drei Netze für
weiß grau weiß

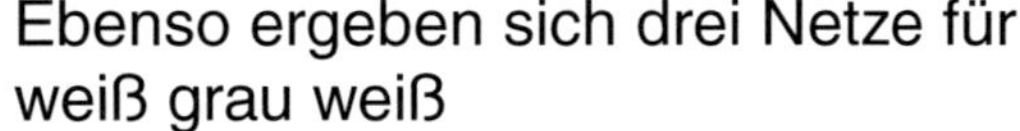

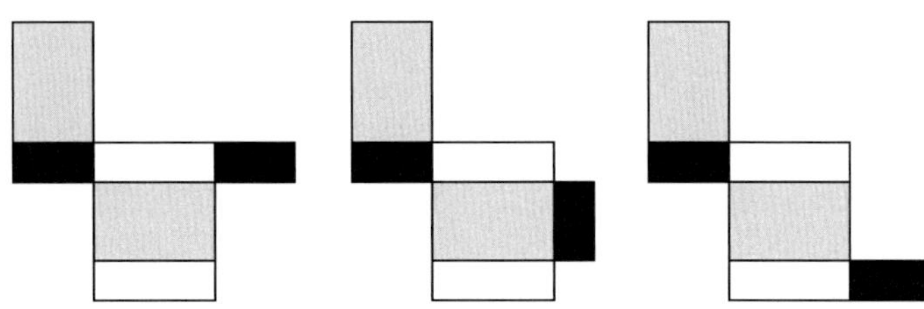

grau schwarz grau

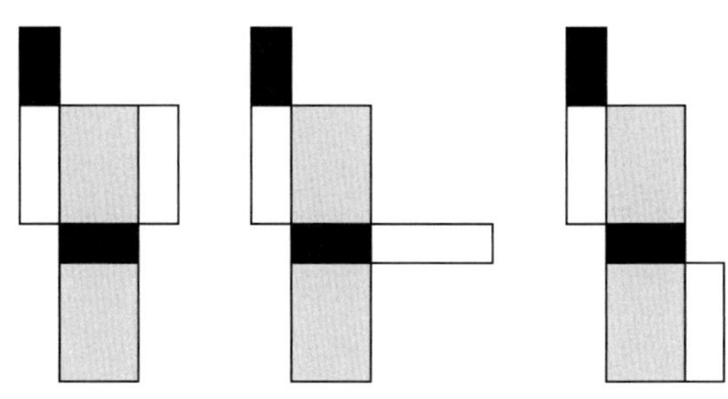

schwarz grau schwarz

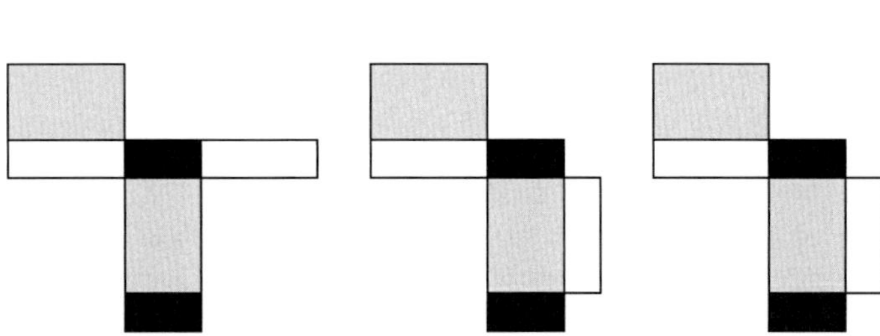

weiß schwarz weiß

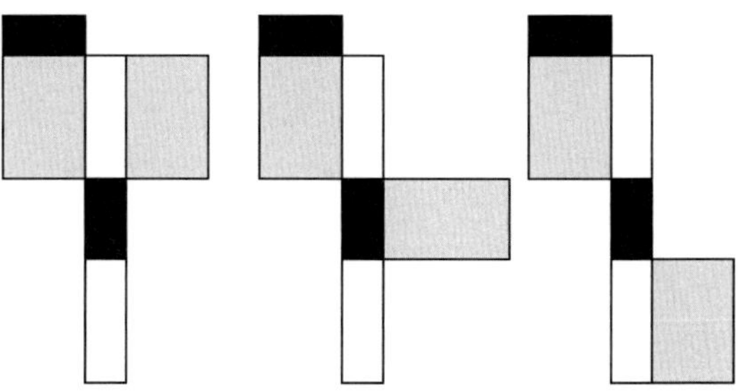

schwarz weiß schwarz

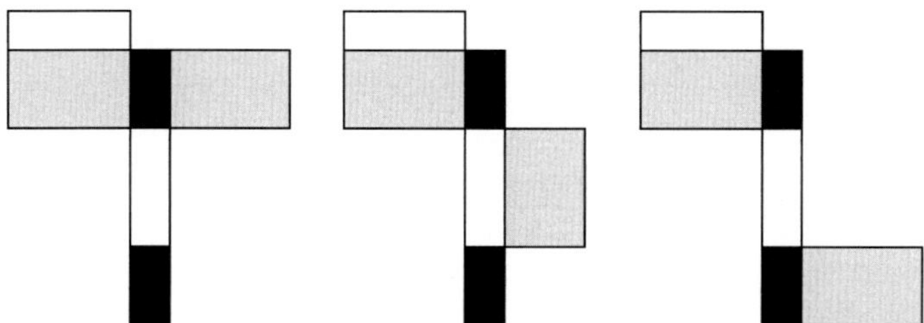

Schließlich gibt es noch 6 Quadernetze, die durch Abrollen eines Quaders entstehen, d. h. bei denen sich zweimal drei Rechteckflächen in einer Reihe befinden …

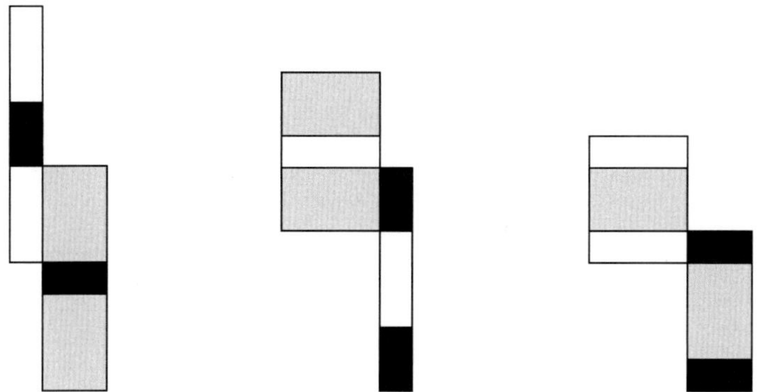

… oder sich dreimal zwei Rechteckflächen in einer Reihe befinden.

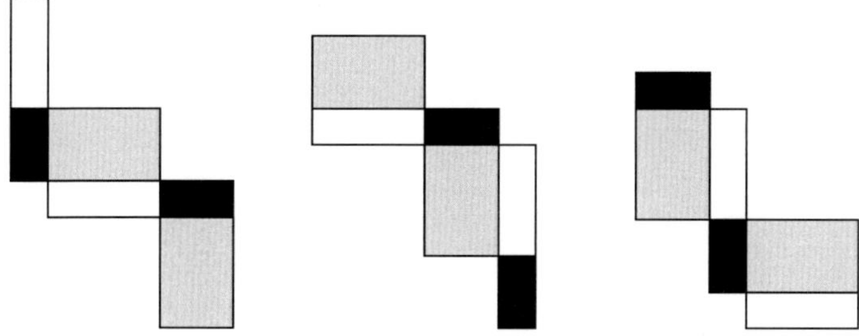

BRIGG VERLAG
Büchler

# Ihr Pädagogik-Partner!

Jochen Sven Wild

## Fit in Mathe mit Dominos

**Vielfältige Domino-Rechenaufgaben zu den Mathematikthemen in der 5./6. Klasse**

48 S., DIN A4,
Kopiervorlagen mit Lösungen
**Best.-Nr. 036**

Mit Aufgabenkärtchen im klassischen **Domino- bzw. Memoryformat** können alle wichtigen Mathematikthemen der 5./6. Klasse in Übungsphasen vertieft werden.

Jochen Sven Wild

## Fit in Mathe mit Ping-Pong-Bögen

**Motivierendes Rechentraining in Partnerarbeit für die Klassen 5–7**

80 S., DIN A4,
Kopiervorlagen mit Lösungen
**Best.-Nr. 064**

Dieser Band enthält zahlreiche **Arbeitsbögen** zum Üben von Kopfrechenaufgaben in Partnerarbeit. Die Aufgaben sind bestens zum spielerischen Wiederholen und Vertiefen des Grundwissens der 5.–7. Klasse geeignet.

Ilse Mayer

## Mathematik Arbeitsblätter 5

**Klar strukturierte Aufgabenblätter für das individuell-selbstständige Lernen**

**5. Klasse**

240 S., DIN A4,
Kopiervorlagen mit Lösungen
**Best.-Nr. 034**

**120 Arbeitsblätter** zum Erwerb mathematischer Kenntnisse im individuellen Tempo. Neu entwickelte, moderne Arbeitsblätter **mit Lösungen** für die persönliche Lernentwicklung im Mathematikunterricht. Besonders geeignet für den **Einsatz in heterogenen Klassen**. Sehr gut geeignet für Einzel-, Partner- oder Gruppenarbeit, zur Übung und Wiederholung, für Hausaufgaben, Förderkurse und Nachhilfeunterricht. Die Arbeitsblätter sind aus der **fundierten Unterrichtspraxis** der Autorin heraus entwickelt.

Ilse Mayer

## Mathematik an Schwerpunkten produktiv üben

**Arbeitsblätter mit ansteigendem Schwierigkeitsgrad für kompetenzorientierten Unterricht**

**5. Klasse**

104 S., DIN A4,
Kopiervorlagen mit Lösungen
**Best.-Nr. 046**

Mit den Lernaufgaben für die 5. Klasse kann das **Grundwissen** in Mathematik selbstständig und im individuellen Tempo erarbeitet, geübt und angewendet werden. Die Aufgaben orientieren sich eng an den Kompetenzerwartungen der Lehrpläne, Lösungen werden jeweils komplett mitgeliefert.
Das Besondere an den Arbeitsblättern: Sie sind **sehr klar strukturiert** und nach kleinen aufbauenden Lernschritten ansteigend konzipiert.

**Weitere Infos, Leseproben und Inhaltsverzeichnisse unter**
**www.brigg-verlag.de**

# Bestellcoupon

Ja, bitte senden Sie mir / uns mit Rechnung

_____Expl. Best.-Nr. ____________________

_____Expl. Best.-Nr. ____________________

_____Expl. Best.-Nr. ____________________

Meine Anschrift lautet:

Name / Vorname

Straße

PLZ / Ort

E-Mail

Datum/Unterschrift    Telefon (für Rückfragen)

Bitte kopieren und einsenden an:

**Brigg Verlag**
**Regina Büchler**
**Kustos-Trinkl-Str. 23a**
**86316 Friedberg**

Bequem bestellen per Telefon / Mail:
Tel.: 0821 / 440 17 190
E-Mail: info@brigg-verlag.de
Online: www.brigg-verlag.de